捜索差押等プラクティス

東京簡易裁判所判事　恩　田　　剛　著

司　法　協　会

推薦の言葉

このたび，東京簡易裁判所の恩田剛判事が「捜索差押等プラクティス」を出版する運びとなりました。

恩田判事は，東京地方裁判所の書記官から，副検事に転官し，その後、更に特任検事の試験にも合格して，10年弱の間，検察官として捜査・公判実務に携わってきました。そして，平成20年８月，再度転官して裁判所に戻り，平成31年３月からは，現在の東京簡易裁判所の令状部の裁判官として日常的に令状審査の職務に従事されています。

さて，令状を発付するかどうかの審査は，令状請求する捜査官等の準備の程度や疎明資料の具備の如何，令状請求書の記載内容等に大きく依存するのは当然ですが，それに留まらず，犯罪の実態に関する令状審査裁判官の認識にも大きく左右されるのが実情です。ですから，恩田判事が，検察官として，また裁判官として数々の刑事事件を経験し，多くの犯罪の実態について豊富な経験と知識を有していることは，令状を請求する捜査官等にとって，大きなメリットといえるでしょう。しかし，そのことは逆に，令状を請求する捜査官等の準備不足，疎明資料不足，及び請求書の記載の不備を見抜かれることにも繋がるので，手強い存在であることを意味するものでもあります。

恩田判事が著した本書には，その両者の経験が随所に現れています。

本書は，現在の令状請求実務で問題となる事項について，恩田判事が実際に扱った事例を中心に具体的な事例を設問として提示しながら，上記の経験に基づき噛んで含めるようにとても分かりやすく解説してくれています。それも，理論的な説明に加え，判例も示しつつ，実質的な理由を明示して説明してくれていますが，それだけでなく，令状請求を受けて審査をする際の裁判官の思考過程や実情等も示してくれているので，経験未熟な令状請求者からベテランの令状請求者にとっても極めて有益なものになっています。

それだけでなく，従来の類書にはなかった，行政官である保護観察所長の行う引致状の請求事務，証券監視委員会や国税調査官，その他の行政官の行う臨検捜索差押許可状等の請求事務等についても取り上げて解説していますので，極めて貴重なものになっています。

「書物は人也」。恩田判事とは，縁あって検察庁の何カ所かで同僚として勤務したことがあり，その見識及び温厚さ，誠実さはかねてから存知あげていましたが，本書においては，捜査公判の豊富な経験に加え，その人柄に由来するサービス精神があふれています。

多くの捜査官，行政官がその本書を手に取り，的確かつスムーズな令状請求事務を行え，刑事司法及び行政の実務の分野において，大いに資する結果になることを確信しています。

令和２年10月吉日

虎ノ門法律経済事務所パートナー弁護士
（元最高検察庁検事）　　　富 松 茂 大

は し が き

今般，大変に好評を頂きました「逮捕勾留プラクティス」に続き，その姉妹編として，本書「捜索差押等プラクティス」を出版させていただくこととなりました。

本書につきましても，前作同様に，私の令状裁判官として，また，捜査官として，実際に経験したことを踏まえ，一問一答形式で解説を試みました。

本年，世界的な猛威を振るい人類をしてパンデミックを宣言せしめた新型コロナウイルスは，今，なお次の流行が懸念されているところです。このような病原体は，いくら人類が新たな薬剤を開発しても，すぐにこれに耐性を示す新種が現れて，変化し強毒化していきます。

犯罪も社会の病理現象である以上，これと同じです。科学技術の進化や情報化社会の高度化などの背景事情も手伝い，次々と変化して複雑巧妙化し，あの手この手で人や社会を襲ってくるのであり，捜査もまた，これに対応するために，日々，進化することが求められ続けています。特に，捜索差押等の強制捜査においては，その求められる進化の速度と程度は，逮捕勾留にもまして大きなものとなっているように思われます。

そこで，本書におきましては，従来からある古くて新しい問題のみならず，今，まさに求められている捜査の進化の中で生起する強制捜査上の諸問題についても積極的に取り上げることとし，その姿勢を示す意味で，本書の第１編を「電磁的証拠関係」としました。また，本書では，類書ではあまり見られない行政上の強制調査のための令状に関しても，若干の問題を取り上げております。

もとより，私の力量不足から，どこまで解説ができたかは真に心許ないところではありますが，日々の令状請求や令状事務処理等に，少しでもお役に立てていただければ，筆者としてはこれに優る喜びはありません。

本書の出版に当たりましては，現虎ノ門法律経済事務所パートナー弁護士・元最高検察庁検事の富松茂大先生から身に余る推薦のお言葉を頂くともに，富松先生のほかに，東京簡易裁判所判事の織田啓三氏，同簡易裁判所判事の堀井律氏からも貴重なご意見，ご助言を賜りました。

この場をお借りして感謝申し上げたいと思います。

令和２年10月

東京簡易裁判所判事　　恩 田　　剛

参 考 文 献

本書の執筆に当たり，本文中に逐一引用を示すことはできませんでしたが，以下の文献を参考にさせていただきました。

大コンメンタール刑事訴訟法・第二版（青林書院）
注釈刑事訴訟法・増補版（立花書房）
条解刑事訴訟法第４版増補版（弘文堂）
刑事訴訟規則逐条説明　捜査・公訴（法曹会）
増補・令状基本問題下（一粒社）
令状審査の理論と実務第二版（司法協会）
別冊判例タイムズ３５「令状に関する理論と実務Ⅱ」（判例タイムズ社）
刑事法重要判例を学ぶ（法学書院）
実践刑事証拠法（成文堂）
令状事務・再訂補訂版（司法協会）
令状請求ハンドブック（立花書房）
捜索・差押の実際　第２版（立花書房）
捜査・令状の基本と実務（東京法令出版）
捜査法体系Ⅲ（日本評論社）
検察講義案・平成３０版（法曹会）

目　　次

第１編　電磁的証拠関係

第１　ＩＰアドレスによる契約者情報等の差押え……………………3
　１　その１……………………………………………………………3
　２　その２……………………………………………………………6
第２　Ｗｉ-Ｆｉで接続された端末のＭＡＣアドレスの差押え……9
第３　生体認証機能のロックを解除するための令状………………13
第４　暗号資産（※旧仮装通貨）の不正アクセス事案の犯罪事実の留意点……………………………………………………………18
第５　リモートアクセス………………………………………………23
　１　差し押さえるべき電子計算機…………………………………23
　２　複写処分…………………………………………………………26
　３　リモートアクセス先の記録媒体の所在………………………29
　４　バックドアの危険性……………………………………………31
　５　一括複写…………………………………………………………34
第６　記録命令付差押え………………………………………………37
　１　記録等させるべき者……………………………………………37
　２　夜間執行…………………………………………………………39

第２編　捜索差押え

第１　請求先裁判所……………………………………………………43
第２　請求権者…………………………………………………………45
第３　被疑者……………………………………………………………47
　１　被疑者不詳の場合………………………………………………47

2　被疑者死亡の場合……50
第４　罰条記載の要否……52
第５　告訴欠如の場合……56
第６　犯罪事実の特定……59
第７　差し押さえるべき物……62
1　証拠物と没収すべき物……62
2　犯罪事実との関連性１……65
3　犯罪事実との関連性２……69
4　自動車の特定……72
5　現金……76
第８　捜索場所の表記……79
1　その１……79
2　その２……83
第９　第三者の捜索場所……86
1　その１……86
2　その２……89
第10　捜索差押えの必要性……92
第11　ショットガン方式の薬物密輸と再捜索……97
第12　疎明資料の信用性……102
第13　夜間執行……106
1　夜間執行にいう日出前・日没後……106
2　夜間執行の必要性とその記載……108
第14　公判審理中の差押え……112
1　原則と例外……112
2　突き上げ捜査……117

第15　家裁送致後の少年事件の捜索差押え……………………119
第16　医師が採取した尿の差押え……………………………121
第17　被疑者多数・犯罪事実多数……………………………127
第18　自動車及び車内の一括捜索差押え………………………132
第19　逮捕状の被疑事実と異なる犯罪事実……………………135
第20　捜索差押許可状の数通発付の可否………………………138
第21　令状発付前の車両の移動………………………………142
第22　捜索差押え時の施錠の破壊……………………………147
第23　他庁との合同捜査の場合の請求…………………………150
第24　時間外請求の緊急性……………………………………153

第３編　検証・身体検査・鑑定等

第１　検証………………………………………………………159
　１　車両の検証とカーナビの検証……………………………159
　２　エックス線検査………………………………………162
　３　被疑者の携帯電話の位置探査……………………………165
　４　第三者の携帯電話の位置探査……………………………170
　５　検証すべき場所　付近一帯………………………………173
第２　身体検査…………………………………………………175
　１　刑訴法上の身体検査……………………………………175
　２　身体検査令状の必要性…………………………………177
　３　身体検査令状の夜間執行の許否の要否……………………181
第３　鑑定………………………………………………………184
　１　鑑定に必要な処分………………………………………184
　２　鑑定嘱託事項……………………………………………189

3　死体解剖の鑑定処分許可状の請求……………………………192
4　鑑定人の変更……………………………………………………196
5　鑑定処分許可状の有効期間……………………………………199
6　公訴提起後の鑑定………………………………………………201
第４　強制採血…………………………………………………………204
第５　毛髪の強制採取…………………………………………………209

第４編　行政上の強制調査令状

第１　保護観察・引致状………………………………………………215
1　手続の流れ………………………………………………………215
2　停止決定との関係………………………………………………218
3　刑の時効と有効期間……………………………………………223
4　一部執行猶予中…………………………………………………225
5　引致状の数通発付………………………………………………227
第２　金商法違反犯則事件の調査官報告書…………………………229
第３　国税犯則事件の罰条……………………………………………232
第４　税関による関税法違反犯則事件のＣＤ令状…………………235
第５　入管による臨検捜索押収　手続の流れと位置付け…………242
第６　警職法の保護許可状の請求……………………………………245
第７　少年法の触法少年事件の令状…………………………………248

用語索引……………………………………………………………………253

第 1 編　電磁的証拠関係

第１編　電磁的証拠関係

本編では，電磁的証拠に係る捜索差押等（平成23年法律第74号により改正された刑訴法によって認められたいわゆるリモートアクセスによる複写処分のできる捜索差押許可状（以下「リモートアクセス令状」といいます。），記録命令付捜索差押許可状に関するものを含む。）について，令状請求，審査，執行等の各場面の諸問題を扱います。

昨今の情報処理技術，電気通信回線の技術進歩は凄まじく，不正アクセスなどのいわゆるサイバー犯罪等はもちろんのこと，例えば，名誉毀損，偽計業務妨害，詐欺，恐喝，脅迫等の犯罪は，これが手段として利用され，殺人，強盗，傷害等の強行犯においてさえ，共謀形成や犯行前後の意思の連絡に使用されるなどしていますし，また，犯人性立証のためのデジタル化された防犯カメラ画像や公共交通機関の自動改札のデータなど，今や，電磁的証拠関係の収集を抜きに捜査は語れないほどになっています。

こうした社会の情勢を踏まえ，上記のリモートアクセス令状や記録命令付令状等の電磁的証拠関係の収集手段についての制度が立法化されるなどしたのであり，早いもので，それらの創設された制度が施行されてから，既に８年が経過しようとしています。

本編では，ＩＰアドレスやＭＡＣアドレス等の電磁的証拠関係に関する基本的な事項を再確認するとともに，リモートアクセス令状等の請求，審査，執行などに関し，実際の現場で問題になった実務事例などを紹介しつつ，それらの諸問題について検討してみました。

第１　ＩＰアドレスによる契約者情報等の差押え

１　その１

問題１

インターネットのあるサイトにおいて，わいせつ画像が発見されたとの情報を得たことから，わいせつ電磁的記録記録媒体陳列事件として立件し捜査を開始することとしたが，わいせつ画像を陳列した被疑者を探索するには，いかなる捜査によるべきか。

結　論

画像のＵＲＬ等からＩＰアドレスを割り出すとともに，接続時間を特定して，通信事業者に対する差押許可状の発付を得て，契約者情報を差し押さえるのが基本です。

解　説

(1)　画像のＵＲＬ等からのＩＰアドレスの割り出し

ＵＲＬとは「Uniform Resource Locator」の略であり，インターネット上に存在する文書や画像等の所在を示すものであり，通常「http://○○.jp/△△.html」などのように表示されます。

まず，このＵＲＬ等から，画像投稿者のＩＰアドレスを割り出します。

ＩＰアドレスとは，インターネット通信をするためのコンピュータの識別番号であり，ユーザーが契約したプロバイダが保有するＩＰアドレスをユーザーに割り当てるものです。

このＩＰアドレスに対し，ＭＡＣアドレスは，パソコンやスマートホンの機器本体にそもそも割り当てられている12桁の番号からなるアドレスであり，物理アドレスともいわれるものです。

ＩＰアドレス自体は，画像が投稿された掲示板サイトの管理画面等に，同サイトの運営会社名や連絡先，捜査機関への捜査関係事項照会や削除依頼についての手続の詳細が掲載されていることなどがあるので，その手続に基づき，対象の投稿画像に係る「掲示板サイト名，スレッド名，投稿ＵＲＬ」等を記載した捜査関係事項照会書を作成して運営会社に照会することで，その回答を得ることにより判明するというのが一般的です。

(2)　ＩＰアドレスからの契約者情報の差押え

こうして判明したＩＰアドレスは，プロバイダが保有しているＩＰアドレスのうち，その時点，その時点で使えるものを割り当てているので，常に同じＩＰアドレスがユーザーに割り当てられているわけではありません。このようなＩＰアドレスを動的ＩＰアドレスといいます。この動的ＩＰアドレスの場合，ユーザーを特定するためには，当該ＩＰアドレスによる接続時間を示す必要があります。

ですから，通信事業者に対し，差押許可状を請求する場合「差し押さえるべき物」の記載例としては

東京都○○区・・・○丁目○番○号　○○株式会社に保管する

①　接続日時　令和元年○月○日○時○分○秒（日本時間）

②　ＩＰアドレス　123.45.678.910

から特定できる契約者情報を記録した用紙

などと記載することになります（通信事業者によって様々な書式があるので，令状請求前の事前協議等で詰める必要があります。）。

この点，一般ユーザーではなく，企業活動などで，外部と接続す

るときに，相手方のセキュリティ対策などによりＩＰアドレスを固定する必要がある，例えば，○○会社のサーバに接続できるのは「○○ＩＰアドレス」に限定する必要がある場合などは，あらかじめプロバイダと一定のＩＰアドレスの取得をする契約をしている場合があり，このようなＩＰアドレスを，動的ＩＰアドレスに対し，静的（又は固定）ＩＰアドレスと言います。

この静的ＩＰアドレスの場合，ＩＰアドレスの表示のみで，差し押さえるべき物が特定できるので，接続時間は必要ありません。

(3)　ＩＰアドレスから判明する契約者情報と犯人性

こうしてＩＰアドレスを割り当てられた契約者情報により，被疑者である蓋然性の高い者が絞り込まれていきますが，住居等の特定までできても，実行犯まで特定できるわけではありませんし，特に集合住宅などで一括してプロバイダ契約をしているような場合は，その住宅内のいずれの居住者に当該ＩＰアドレスが割り当てられているか判然としない場合もあります。

また，過去には，第三者の使用するパソコン等を遠隔操作しつつ，真犯人自身は，接続経路を匿名化するソフトウェアを利用し複数の海外サーバを経由して掲示板にアクセスし，自分のＩＰアドレスは隠ぺいしていたといういわゆるパソコン遠隔操作事件で遠隔操作されていた第三者が誤認逮捕されるという事案もありました。

ですから，ＩＰアドレスは，これに基づき契約者情報が得られたとしても，必ずしも直接その犯人性に結びついていくものとは言えませんので，逮捕状の請求はもちろんのこと，住居等に対する捜索差押許可状の請求等についても，その判明した契約者情報を基に，さらに慎重な裏付け捜査を行う必要があるわけです。

2　その2

問題2

Ｘ大学経済学部の教授Ｖが，学生Ａの単位を認めなかったことから，学生Ａがこれを恨み，令和元年７月１日，インターネット上に教授Ｖを誹謗中傷する記事を投稿するという名誉毀損事案が発生した。教授Ｖの代理人弁護士Ｂは，同年８月30日，特定電気通信役務提供者の損害賠償責任の制限及び発信者情報の開示に関する法律（いわゆるプロバイダ責任制限法）に基づき，ＩＰアドレス等の開示の仮処分決定を経て，同年９月20日，プロバイダに対し，発信者情報開示請求訴訟を提起し，令和２年３月20日，その認容判決を得て，学生Ａの氏名等の契約者情報の開示を受けた。その後，代理人弁護士Ｂは，警察に事前相談に行くなどして告訴準備を進め，同年７月10日，教授Ｖを告訴人，学生Ａを被告訴人として告訴状を警視庁○○警察署に提出した。警察は，この告訴を受け，捜査を開始するに当たり，改めて投稿記事のＵＲＬからＩＰアドレスを特定し，プロバイダに対し，契約者情報についての差押許可状を請求することとしたが，この請求は必要か。

結　論

裁判官の令状審査において，明らかに必要がないと認められることはありませんが，既に発信者情報開示請求訴訟の認容判決を受けて，発信者（契約者）情報が開示されているのですから，差押許可状の請求の必要性は高いものとはいえません。

解　説

いわゆるプロバイダ責任制限法は，平成14年５月に施行された法律であり，インターネット上の違法・有害な情報によって権利を侵害された者が，プロバイダに対し，その情報を発信した者の氏名等の開示請求をする権利等を認めたものです。本問にあるようなインターネット上の名誉毀損等の類型の事件は，その発覚の端緒が，被害者が気づいたことによる場合がほとんどであり，これを契機として，被害者が，代理人弁護士に相談して，プロバイダ責任制限法による発信者情報の開示請求をするなど民事事件が先行するケースも散見されるようになりました。こうしたケースで告訴される場合，被告訴人たる被疑者が判明しているため，あらためて被疑者特定のための捜査が果たして必要かということになります。

この必要性は，告訴の段階での被疑者特定のレベルによって異なってくるものと思います。

例えば，告訴人が，これまでの被告訴人とのトラブルから被告訴人には告訴人に対する犯行に及ぶ動機があるとか，以前にも同じような被害を被告訴人から受けたことがあることなどを根拠に，被告訴人が被疑者であるなどとしている場合は，被疑者の特定に至っているとは言い難いです。しかし，ホームセキュリティシステム等の防犯カメラに被疑者がはっきりと映り込んでいるような場合や，本問にあるように，民事事件とはいえ，発信者情報開示請求訴訟が提起されて，その認容判決によってプロバイダから発信者情報が開示されているような場合にまで，あらためて，同一のプロバイダに対し，発信者情報について差押許可状を請求するという必要性はかなり低いものと考えます。

一般的に，差押許可状等の請求を受けた裁判官には，必要性についての審査権限があるとされています（本書92ページ参照）。

その際の審査基準は，逮捕状の必要性審査に準じており，明らかに必要がないと認められる場合を除いて，必要性が認められることになるので，本問のような場合でも，発信者情報が開示済みであることの一時をもって直ちに必要性なしとの判断にはなりません。しかし，その必要性は必ずしも高いわけではないと思います。

また，本問の事件経緯をみると，事件発生，仮処分から本訴請求，そして本案の認容判決に至るまで約９か月，告訴まで約１年１か月かかっています。一般的にプロバイダの接続ログの保存期間は，３か月から６か月と言われており，そもそも，代理人弁護士が，プロバイダに対する接続ログについて消去禁止の仮処分決定を受けているなどしなければ，接続ログ自体が残っていないことも少なくないと思われますので，仮に，捜査実務の観点等から，あらためて差押許可状によって発信者情報を差押えるべきという場合であっても，接続ログの保存状況等については精査した上で，請求の要否等についても十分検討するべきでしょう。

※　なお，近年，ネット上で誹謗中傷されたことを苦にして自殺者が出るなどしたことが社会問題化したことを契機として，発信者情報の開示手続の簡易化が検討され，令和２年８月31日，プロバイダ責任制限法第４条１項の発信者情報を定める省令が一部改正されて，発信者情報の開示請求対象に電話番号が追加されました。これにより，電話会社への弁護士会照会（弁護士法23条の２）などを通じて発信者の氏名，住所の取得が可能になりました。

第２　Ｗｉ－Ｆｉで接続された端末のＭＡＣアドレスの差押え

> 問題３
>
> 新宿区内某所で発生した集団暴行事件のうちの被疑者Ａが，犯行直後に，犯行場所周辺にあるコンビニ店に立ち寄り，同店内でスマートホンを操作していたことが，防犯カメラの解析により判明した。被疑者に係るスマートホンについて情報を得たいが，いかなる令状によりどのような情報を得ることが考えられるか。

結　論

通信会社に対する差押許可状により，スマートホンのＭＡＣアドレス及び接続記録の情報を得ることが考えられます。

解　説

ＭＡＣアドレスとは，パソコンやスマートホン等のインターネットに接続できる端末に最初から割り付けられている12桁の英数の文字からなるそれぞれの端末に固有のアドレスであり，物理アドレスなどとも言います。ですから，このＭＡＣアドレスが判明すると端末が特定できることになるわけです。

近年，スマートホンやタブレット端末の急速な普及に伴い，コンビニや公共施設等でＷｉ－Ｆｉアクセスポイントを無料で提供しているところが多くなりました。Ｗｉ－Ｆｉとは，Wireless Fidelity の略であり，Ｗｉ－Ｆｉルーター（親機）から電波が飛び，その電波を子機であるスマホ等の端末が拾ってインターネットとの接続を可能にします。今のスマホ等は，大体Ｗｉ－Ｆｉ機能が付いており，Ｗｉ－Ｆｉ接続をオフにしていない限り，Ｗｉ－Ｆｉ接続可能エリアに入ると，接続可能な状態になり，いつでも通信ができるようになります。

本問では，被疑者Ａが，コンビニ店内で，スマホを操作していたことから，コンビニ店内のＷｉ－Ｆｉに自己の端末を接続していた可能性が高く，そのＷｉ－Ｆｉを提供している通信会社に対して，接続場所や日時を特定して，被疑者使用のスマホのＭＡＣアドレスとその接続記録の情報が記載された書面について差押許可状を請求して，その発付を受けて，それらのものを差し押さえることにより，被疑者の所在捜査などに供することができるわけです。

差押許可状の請求以前の流れとしては，まず，犯行場所付近で，被疑者使用の携帯電話機等のＭＡＣアドレスの接続情報が記録されている可能性が高いＷｉ－Ｆｉ設置場所を設置業者のホームページ等で検索して当たりを付けます。

その後，その設置業者に連絡をして，被疑者が使用していたであろう時間帯の接続ログの有無を確認し，これがあったＷｉ－Ｆｉ設置場所について，接続ログの保存を依頼した上，差押許可状の請求手続に入ることになります。

この差押許可状の請求については，通常の疎明資料である犯罪事実を疎明するものだけではなく，ＭＡＣアドレスや接続状況を調べるその端末が，まさに被疑者が犯行前後の直近に使用していたことや，被疑者不詳であっても，例えば，振り込め詐欺等の特殊詐欺で明らかに犯行に使用されている端末であることを示す疎明資料などが必要になります。

例えば，本問では，防犯カメラの解析で被疑者Ａが犯行直後に，犯行現場付近のコンビニに立ち寄り，まさにスマホを操作していたことが判明していることから，これらの画像が，防犯カメラ画像解析報告書として疎明資料化しているものと思われますが，これに加えて，例

えば，

①　被疑者Ａと酷似する人着の者が，犯行現場において被害者に暴行を加えている防犯カメラ画像がある

②　被害者が，コンビニ店内にいる被疑者Ａがまさに犯人である旨，具体的な人着の特徴等を示して指示している

③　犯行現場とコンビニの位置関係・距離関係，犯行後に同所まで移動した時間と移動方法から，本件発生時間と防犯カメラの撮影時間に矛盾がないことなどを疎明資料化しておく

とより分かりやすい請求になるものと思われます。

ＭＡＣアドレスは，それぞれの端末に割り振られたいわば固有の英数の文字の羅列であり，端末自体は特定できても，直ちに所有者情報等がつかめるわけではないので，他の差押えと比較し，プライバシーの侵害度は必ずしも高くはないようにも見えますが，ＭＡＣアドレスさえわかれば，その端末機器の所有名義の判明までは，あと差押許可状１本なわけですから，犯罪事実と全く関係のない第三者に対する令状にならないように，上記に示した疎明資料等について十分に捜査し解析した上で，慎重な請求をしなければなりません。

Ｗｉ－Ｆｉ接続情報についての「差し押さえるべき物」の一般的な記載例は以下のようになります（個別の記載については，Ｗｉ－Ｆｉ設置業者と事前協議をするなどして詰めておいた方がよいでしょう。）。

差し押さえるべき物

東京都千代田区霞が関○丁目○番○号○○ビル
○○○○ネットワーク株式会社
に保管する以下の情報が記載された書面

以下の場所における　○○○○ネットワーク株式会社が提供するＷｉ－Ｆｉサービスに関する指定期間内の接続情報
（接続日時，接続場所，住所，サービス名，ＭＡＣアドレス，接続時間）

場所及び指定期間
マックアドコンビニ霞が関店（東京都千代田区霞が関○－○－○）
令和２年10月10日○時○分から同日○時○分までの間

第３　生体認証機能のロックを解除するための令状

問題４

ある特殊詐欺事件の捜査で判明した被疑者らのアジトにおいて，捜索差押えを実施することとなった。

スマートフォン等の情報端末機器については，いわゆるリモートアクセス令状で請求することとしたが，それらの端末機器については，顔認証機能又は指紋認証機能等の生体認証機能によりロックされていることも考えられ，被疑者らが任意に指紋認証に応じない場合，リモートアクセス令状を執行することも不可能となることも考えられる。

このような場合に，実力をもって指紋等を端末機器本体に接触させるなどしてロックを解除するには，いかなる令状が必要か。

結　論

捜査実務においては，

①身体検査令状

②検証許可状

が必要とされているようです。

解　説

情報端末機器に，顔や指紋等の個々の人間の固有の身体的特徴を情報として認識させることにより，その個人認証をさせる技術を生体認証といいます。最近では，指紋や顔等の外表だけでなく，内部の生体器官である瞳の中の虹彩認証や手掌等の血管の形を読み取る静脈認証などもありますが，こうした生体認証は，パスワードなどと異なり，忘却紛失の危険や総当り等の攻撃によって認証されるおそれも低い上，ユーザーが体一つ，手ぶらで個人認証させることが可能であり，その利便性が高いことから，今や情報端末機器等だけではなく，建物のセキュリティのための出入口の認証から，キャッシュカード，パスポート等に至るまで幅広く利用されるようになってきました。

この生体認証による個人認証の多くが，情報端末機器等のセンサーに，認証させるべき身体の一部を近づけ，又は接触させる方法によっていますが，ここで一つ問題があります。

本問におけるような特殊詐欺等の被疑者らのアジトにおいて差し押さえた情報端末機器についても，被疑者らが生体認証機能を利用していることがあります。この場合，被疑者らが任意に認証に応じてくれれば問題ないのですが，認証を拒否した場合，被疑者らの指紋等を情報端末機器等に接触させるなどして認証を解除することができるかが問題となります。

この点，情報端末機器を差し押さえてから，後日，押収物としてじっくり解析して，ロックを解除していけば良い（機種によっては，ロックを解除することが事実上，極めて困難なものもありますが）との考え方もありますが，本問では，リモートアクセス令状が出されており，差し押さえられるべき情報端末機器について，その場で，リモートストレージ等にアクセスして電磁的記録を複写することが予定されていますので，情報端末機器を差押えてから，後日，じっくり解析するというわけにはいきません。（問題７（本書26ページ）参照）

そこで，被疑者が認証を拒否した場合，情報端末機器等のロックを解除して起動させることは，捜索差押えの必要な処分であるとして，刑訴法222条，同法111条１項により，被疑者をして認証させてロックを解除させることができるとの考え方が出てきます。しかし，同条項によれば，必要な処分として「錠をはずし，封を開き，」と例示しており，これは，つまり，目的を達するための必要最小限の範囲で，捜索差押えの主体としての捜査機関が，差し押さえた物を開扉するなどすることを想定しているのであり，いかに被疑者らであろうとも，生体認証のように被疑者らの行為を介在させるような場合，必要な処分としては，認証の協力を要請するところが限度であり，これを超えて，被疑者らの意思に反して強制的に認証を行わしめるとなると，やはり，情報端末機器の差押えとは別の強制処分として，別途の令状が必要となるものと考えます。

捜査実務においても，別途の令状が必要であるとの考え方が大勢であり，必要な令状の種別としては，身体検査令状と検証許可状とされているところですが，このうち，身体検査令状は，情報端末機器に認証させるべき被疑者の身体の一部を，当該情報端末機器に接触させ又は近づけさせるなどして情報端末機器の個人認証をさせる強制処分として，また，検証許可状は，当該情報端末機器の生体認証機能が作動してロックが解除され起動し，中身のデータを確認するための強制処分として，それぞれ必要になるものと思われます。

この場合，それぞれの請求書に特別な記載として，以下のような記載例が考えられます。

(1)　身体検査令状請求書

ア　身体検査を必要とする理由

被疑者○○○○の左右十指に係る末節部指紋のうち，いずれかにより，同人使用に係る情報端末機器等の指紋認証センサーを介して同情報端末機器のロックを解除するため

イ　検査すべき身体の部位

被疑者○○○○の左右十指の末節部指紋

⑵　検証許可状請求書

ア　検証すべき物

被疑者○○○○が使用する情報端末機器

身体検査令状に，身体の検査に関する条件を付すべきか否かについては，見解の分かれるところであろうと思います。

スマートフォンの指紋認証解除のための身体検査令状の事例では，「検査すべき身体」を「被疑者○○○○の両手指」とした上で，「身体の検査に関する条件」を「スマートフォンのロック（指紋認証）を解除するため，被疑者の手指をスマートフォン本体に接触させる方法により行う。」とした実例があります。

ただ，上記記載は，条件というより，令状の執行方法を示したようなものとも考えられるところであり，検査すべき身体が被疑者の左右の手指であり，身体検査の必要性が，スマートフォンの指紋認証によるロックの解除であることさえ請求においてはっきりしていれば，あえて身体検査の条件を付する必要はないのかもしれません。ただ，この点，被疑者に身体検査令状を提示して，その執行方法を理解させるという観点からは，記載の実益がないとは言えないと考えることもできます。

なお，顔認証機能によるロック解除の場合，単に，被疑者の顔を情報端末機器の面前に近づけて示すだけではなく，当該端末画面を注視させる必要があるものもあり，「被疑者に当該情報端末機器の画面を注視させて，その顔面を同端末機器に近づけさせて認証させる方法により行う。」などとの身体検査の条件を付した事例もあります。この令状の執行にあたっては，被疑者が認証を拒んだ場合，捜査員が被疑者の頭部を押さえて，当該情報端末機器の画面に，その顔面を近づけさせることはできても，画面を注視させることは困難との見解もあります。

これに関し，これまで請求事例に接したことはありませんが，私見としましては，仮に，顔認証や虹彩認証で画面注視を頑なに拒むことが予想されるような場合，眼科用開瞼機を使用して強制的に開眼して認証させることなども可能かと思います。その場合は，身体検査の条件として「医師をして医学的に相当な方法により被疑者の両眼を開眼させて行う。」との条件を付することも考えられるところです。

顔認証では，眼科用開瞼機それ自体が顔認証の障害になることもあるかもしれませんが，虹彩認証では有効かもしれません。

こうした請求については，全く認められないということになるのか，それとも何らかの動きが出てくるのかは，今後の請求や判断の事例，裁判例の集積を待つことになります。

第4　暗号資産（※旧仮装通貨）の不正アクセス事案の犯罪事実の留意点

問題5

○○コイン株式会社という暗号資産（※旧仮装通貨）の取引所の事業を運営している会社（以下「K社」という。）が，K社の取引口座を持つ顧客V1から，同口座に何者かが不正ログインをして仮想通貨が外部に送付されたとの連絡を受けた。そこで，K社において，V1と関連性の疑われるログイン情報を調査したところ，V1，V2，V3について，同一のIPアドレスで各口座に不正ログインされていることが判明した。警察は，K社からの被害届を受け捜査を開始し，以下のような犯罪事実で，同IPアドレスの接続ログ及び契約者情報の差押許可状を請求することとしたが，いかなる問題があるか。

犯罪事実の要旨

被疑者は，他人の識別符号を使用して不正にアクセス行為をすることを企て，別表記載のとおり，令和2年11月1日午前○時○分頃から同月3日午後○時○分頃までの間，3回にわたり，某所において，・・・通信端末機を使用し，・・・K社サーバーコンピュータに，V1ら3名に付された識別符号であるメールアドレス，ID，パスワードをそれぞれ入力し，・・・，もって不正アクセス行為をしたものである。

別表

数	ログイン日時	口座名義	ＩＤ	メールアドレス	ＩＰアドレス
1	R2.11.1..	Ｖ１	1234	abcd@efgh.ij	111.22.33.444
2	R2.11.2..	Ｖ２	5678	klmn@opqr.st	111.22.33.444
3	R2.11.3..	Ｖ３	9101	uvwx@yzab.cd	111.22.33.444

結　論

犯罪事実に，口座名義人のＩＤやメールアドレスを記載するのは相当ではありません。

逆に，本件犯行で使用されたＩＰアドレスは，犯罪事実の特定としては必ずしもなければならないというものではありませんが，差し押さえるべき物との関連性を示す意味では，記載があっても良いものと思います。

解　説

Ｋ社では，セキュリティの強化をはかり，顧客が取引口座にログインするのに二段階認証の方法をとっていました。具体的には，Ｋ社の取引口座にログインするには，最初に，Ｋ社ホームページからログインページに移動し，メールアドレスとパスワード（ＰＷ）を入力してログインボタンを押しますが，それだけでは直ちにログインできません。この操作により，Ｋ社から，顧客が登録した携帯電話番号に対して，認証コードが記載されたテキストがショートメッセージサービス（ＳＭＳ）で届けられます。その認証コードを入力することにより，取引口座にログインすることができるわけです。したがって，Ｋ社は，それぞれの顧客について，口座名義人氏名，ＩＤ，メールアドレスを把握しているわけですから，Ｋ社において顧客の取引口座に対し，アクセス権限のない第三者による不正アクセスがあったとの顧客からの情報を得て，これに関連する不正ログインの疑いのある取引口座を調べれば，当然のことながら，その取引口座の名義人氏名，ＩＤ，メールアドレスが全て判明します。Ｋ社としては，これを書面なりにまとめて報告するわけですから，それが捜査において証拠としての原資料（以下「１次証拠」という。）になります。これらの証拠資料から，捜査に必要な事項を抜き出して本件の捜査対象となるＶ１，Ｖ２，Ｖ３の各顧客の取引口座についてのログイン状況に関する事項を整理して一覧表にするなどして捜査報告書等（以下「２次証拠」という。）を作成します。この２次証拠を基に必要に応じて，令状請求に必要な犯罪事実に添付すべき別表等を作成するわけですが，この別表作成の際に，注意を要するのが，本問にあるような顧客情報の取り込みの要否です。

差押許可状等の請求のための犯罪事実は，できる限り特定される必要があります。本問にあるような顧客情報である口座取引のためのＩＤやメールアドレスも犯罪事実を特定する要素になることは間違いありません。しかし，本問のような暗号資産取引に対する不正アクセス事案の犯罪事実を特定する上で必ずしもなければならない要素ではありません。取引口座の名義人氏名はやむを得ないとして，それ以外の特定要素としては，ログイン日時があれば十分であると思われます。

差押許可状の請求であれば，請求書に犯罪事実として，口座名義人のＩＤ，メールアドレスを記載したとしても，原則として犯罪事実は令状に不添付ですので，その執行に際し令状提示により被処分者等の第三者に，その記載が示されるわけではありません。しかし，逮捕状以外の令状請求書についても令状に添付することを原則的な扱いにしている裁判所もあり，その場合は，令状提示の際に，被処分者に顧客の個人情報を示すことになります。ですから，そのようなおそれのないように，そうした扱いのある裁判所には，あらかじめ請求書不添付を促すことも考えられます。しかし，それでも，これが逮捕状の被疑事実となった場合は，そうはいきません。通常，捜索差押の段階から逮捕の段階に至るまでの中で，段々とその証拠も厚くなり，これによって事実もより特定されていくのでしょうから，差押許可状の請求段階で，令状に犯罪事実が添付されないからといって，その請求書の犯罪事実に，顧客のＩＤやメールアドレスを残したままにしておくと，逮捕状請求書の被疑事実にもそれらが残り，その問題意識も希薄で記載の要否や実害の有無等の判断がなされないまま，逮捕状に添付されて，被疑者や共犯者等に示されることになるおそれもあります。そうしたことも考えると，やはり，差押許可状の請求の段階から記載することについての要否，相当性をしっかり検討した方がよいものと思います。

なお，被疑者が不正アクセスするのに使用したと思われるＩＰアドレスについては，犯罪事実の特定要素として必ずしもなければならないものではありませんが，本問にあるように，ＩＰアドレスを差押えるべき物として掲げているのであれば，犯罪事実と差し押さえるべき物との関連性を示すことにもつながりますし，このＩＰアドレスを使って本件犯行が敢行されたという意味で犯罪事実の特定にも資する一方，顧客のＩＤやメールアドレスのように記載自体が有害となるおそれはないので，むしろ積極的に記載してもよいように思います。

※　暗号資産とは，いわば，ネットワーク上で不特定の者と経済的な取引をする際に通貨の役割を果たす財産的価値のあるものであり，以前，仮装通貨と呼ば

れていたものですが，令和２年５月１日に施行された改正「資金決済に関する法律」により，その名称が，暗号資産に変更されました。

暗号資産の法律上の正確な定義は，改正「資金決済に関する法律」２条５項を参照してください。

第５　リモートアクセス

１　差し押さえるべき電子計算機

問題６

特殊詐欺のアジトが発見されたことから，同アジト外数か所の関係先について，いずれも，リモートアクセス令状の請求をすることとなった。

同許可状の請求に当たって，請求書記載の「３　差し押さえるべき物（以下「差し押さえるべき物欄」と言います)。」と「５　刑事訴訟法第218条第２項の規定による差押えをする必要があるときは，差し押さえるべき電子計算機に電気通信回線で接続している記録媒体であって,その電磁的記録を複写すべきものの範囲(以下「複写範囲欄」という。)」の記載に関し，注意すべきことは何か。

結　論

差し押さえるべき物とリモートアクセスによる複写処分をする差し押さえるべき電子計算機は，記載上，異なる物とならないようにしなければなりません。

解　説

平成23年法律第74号により改正された刑訴法（平成24年６月22日施行）によって，リモートアクセスによる複写処分が認められて以降，既に施行から８年以上が経過し，すっかり現場に定着し，今や，刑事事件のみならず，特別法の行政調査令状である臨検捜索差押許可状等においても，同様の改正がなされるなどしてきました。

リモートアクセス令状の請求は，犯罪事実の嫌疑と必要性のほかに，リモートアクセスに固有の要件として，捜索差押場所に，被疑者など特定の者にアクセス権限のある差し押さえるべき電子計算機が存在し，これに電気通信回線で接続している記録媒体が存在し，そこに，本件犯罪事実に関連する情報が記録されている蓋然性があることなどが認められることにより発付されます。

総務省の統計調査によりますと，過去１年間にＰＣや携帯電話機（スマホ等を含む。）等の端末でインターネットを利用した経験のある年齢６歳以上の日本人は約80％にものぼっており（総務省：通信利用動向調査2019．５），今や，日本国民，総インターネット社会と言っても過言ではありません。このような社会背景の事情も手伝い，リモートアクセス令状の請求における固有の要件つまり，電子計算機の存在やこれと電気通信回線で接続している記録媒体の存在の蓋然性などは，もはや，特別の事情がない限り，ほぼ認められるというのが令状実務の現状と言えます。

こうした実情に加え，リモートアクセス令状は，犯罪事実の立証のための重要な証拠を収集するのに，捜査上，非常に有力な手段となっていることから，その請求も頻繁に行われるようになってきています。

他方で，こうした頻繁な請求がある中で，令状請求実務の惰性ともいうべき不完全な運用もしばしばあります。

リモートアクセス令状は，差し押さえた電子計算機と電気通信回線を通じて接続された電磁的記録媒体からデータを差し押さえた電子計算機か又は他の記録媒体（ＣＤ－Ｒ等）に複写して，それらを差し押さえることができる令状ですから，「差し押さえるべき物欄」の差し押さえるべき物と，「複写範囲欄」の差し押さえるべき電子計算機は，同じ物でなければならないはずです。

ところが，「差し押さえるべき物欄」に「パーソナルコンピュータ及び付属する周辺機器一式」と記載されているにもかかわらず，「複写範囲欄」の差し押さえる物は「ＰＣとノートパソコン」となっていたり，「パーソナルコンピュータ及び携帯電話，スマートホン」などとＰＣ以外の物が加わっていたりすることがあります。これは「差し押さえるべき物欄」に比べ「複写範囲欄」の差し押さえるべき物が広い場合ですが，逆に「差し押さえるべき物欄」が複数のパソコンである場合で「複写範囲欄」の差し押さえるべき物のパソコンが１台に限定されている場合もあります。いずれもリモートアクセス令状による複写処分がどの差押対象物に係るものか特定が不十分となることがあります。

「差し押さえるべき物欄」がＰＣならば，「複写範囲欄」の差し押さえるべき物もＰＣに限定すべきですし，「差し押さえるべき物欄」にＰＣ以外の携帯電話機，スマートホン，その他のモバイル機器が入る場合で，複写処分が必要な機器については，すべて「差し押さえるべき物欄」記載の機器と「複写範囲欄」記載の機器とを同じ記載で表示すべきです。

2　複写処分

問題7

差し押さえるべきパソコンについてリモートアクセス令状の発付を得て，その執行をした際に，捜索場所において，目的の差し押さえるべきパソコン（以下「本件パソコン」という。）を発見したが，パスワードが判明しなかったため，リモートアクセスによる複写処分ができなかった。

そこで，本件パソコンを差し押さえた後，これを解析して特定のアカウント（以下「本件アカウント」という。）にログインするためのパスワードを把握して，検証許可状の発付を得た後，同許可状に基づき，本件パソコンの内容を複製したパソコンからインターネットに接続し，本件アカウントにログインし，送受信メールをダウンロードして保存するという検証を行った。

この検証は適法か。

結　論

この検証は違法であり，この検証に基づく検証調書等の証拠能力は否定されます。

解　説

リモートアクセスによる複写処分は，裁判官の審査を経た捜索差押許可状によって行われなければなりません。

ところが，本問においては，本件パソコンのパスワードが判明しなかったために，差押えに当たっての複写処分をせず，本件パソコンを差押えただけで，その令状の執行を終えています。そして，その後に，本件パソコンを解析し，本件アカウントにログインするためパスワードを把握し，検証許可状を得て，その検証において，本件パソコンの内容を複写したパソコンからインターネットに接続し，メール等を閲覧・保存したわけですが，このような処分は，元々，検証許可状に基づいて行うことができない強制処分です。また，このメールサーバーが海外にあった可能性もあるのであり，そうであれば，国際捜査共助等の捜査方法によるべきであったかどうかという問題にもなります。

本問の事例では，検証許可状という形ではあれ，被疑者の権利侵害に関しては，一応の司法審査を経ていると言えますし，元々は本件パソコンに関しリモートアクセス令状が発付されていたということもありますが，これらの事情を考慮してもなお，本問の検証の違法性の程度は重大であり，この検証の結果が記載された検証調書等の証拠能力は認められないことになります。

本問は，東京高裁平成28年12月７日の裁判例を基にしたものですが，やはり，リモートアクセス令状は，本件パソコンを差し押さえるに当り，複写処分をすることが前提となって許可されているものですから，複写処分をするのであれば，差押時になされなければなりません。

複写処分をするのにパスワードが必要な場合，捜査機関は，捜索差押えの処分を受ける者に対し，電子計算機の操作その他必要な協力を求めることができます（刑訴法111条の２）。しかし，この協力要請は，拒否した場合の罰則等の制裁規定はないので，拒否された上，捜査側としても，その場でのパスワードの解析が技術上困難と判断されることもあります。仮にパスワードが判明せず即時にログインできないのであれば，一時捜索差押えの執行を中断する措置をとり（刑訴法222条，118条），パスワードを解析するための技術者やアプリケーションソフトを持ち込ませるなどしてパスワードを解析することも考えられます。

パスワードを解析して，判明したパスワードを使用して複写処分をすることは，刑訴法111条２項により必要な処分としての錠をはずす行為などと同様と考えられています。

なお，やむを得ず，その場でのパスワードの解析が困難と判断されるような場合は，一旦，対象となるパソコン等を差し押さえた上で，パスワードを解析し，当該パソコン等を警察署において押収保管中のブツとして，改めてリモートアクセス令状を取り，解析されたパスワードによって複写処分をするということができるのか，そもそも既に差押え済みの物の差押えの必要性はどのように説明するのか，複写処分のためだけにそれが許されるのか，その他の手段が可能かどうかについては，今後の議論を待つことになりそうです。

3　リモートアクセス先の記録媒体の所在

問題8

リモートアクセス令状の発付を受けて，その執行をするに当たり，

⑴　リモートアクセス先の記録媒体を探す行為は，捜索に当たるか。

⑵　リモートアクセス先の記録媒体が他国の領域内にある場合，他国の主権侵害の問題がでてくるが，請求時点において，同記録媒体が国内外のいずれに存在するか疎明する必要はあるか。

結　論

⑴　捜索に当たりません。

⑵　サーバが国内外のいずれにあるかまで疎明する必要はありません。

解　説

⑴について

リモートアクセス令状に基づき，差押えの執行者が差し押えるべきパソコンを操作してリモートアクセス先の記録媒体を探す行為は刑訴法102条の捜索には当たりません。パソコンを起動してハードディスク内を見る行為と同様に，刑訴法111条1項の「必要な処分」として行うことができるものと考えられています。

⑵について

外国に存在するサーバ等に直接アクセスして電磁的記録を複写することが，その外国の主権を侵害するか否かについての国際的な統一した見解はありません。また，サイバー犯罪に関する条約32条においては，同条約に批准した締約国同士であれば，一定の条件の下で相手方

締約国の許可なしに同国所在のサーバ等にアクセスすることができるとされているものの，締約国以外の外国との間では問題は解消されていません。

リモートアクセス令状の請求時点において，サーバ等が締約国以外の外国にあることが判明している場合などは，その外国の主権を侵害する問題を生ずることもあるので，同国の同意を取り付けるか，又は捜査共助によるべきですが，通常，令状請求の段階では，リモートアクセス先の記録媒体の詳細が明らかになっていないことがほとんどです。だからこそ，⑴のように，令状執行の段階で，必要な処分としてリモートアクセス先の記録媒体を探すのでしょうから，請求時点において，リモートアクセス先が国内外のいずれにあるかまで疎明する必要はないですし，裁判官においても審査の必要はないと考えられています。

４　バックドアの危険性

問題９

リモートアクセス令状の請求書記載の「５　刑事訴訟法第218条第２項の規定による差押えをする必要があるときは，差し押さえるべき電子計算機に電気通信回線で接続している記録媒体であって，その電磁的記録を複写すべきものの範囲（以下「複写範囲欄」という。)」において以下のような記載に問題はないか。

⑴　○○○○（特定人）が使用するパーソナルコンピュータにインストールされたウェブブラウザに記録された同人によるアクセスに係るＵＲＬ又は同人のアクセス履歴に係る記録領域

⑵　○○○○（特定人）が使用するパーソナルコンピュータにインストールされているインターネット・ブラウザに記録されているサーバのＵＲＬ又はそのサーバへのアクセス履歴に係る記録領域

⑶　差し押えるべきパーソナルコンピュータにインストールされているインターネット・ブラウザに記録されているサーバのＵＲＬ又はそのサーバへのアクセス履歴に係る記録領域

結　論

記載例にあるように「ウェブブラウザに記録されたＵＲＬ又はアクセス履歴にかかる記録領域」などとすると，いわゆるバックドアを介して，差し押さえるべき電子計算機について使用権限のある者，つまり複写処分の被処分者の，あずかり知らない記録領域を複写処分の範囲とする危険性があり，当該令状により複写処分が執行された場合，無関係な第三者の電子計算機のデータにアクセスするなどの恐れもあるので，慎重な検討が必要となります。

解　説

バックドアとは，サイバー攻撃の手法の一つであり，他人の電子計算機に対し，①不正アクセスなどで侵入した際に，次回から侵入しやすくするために他人の抜け道をつくる，②コンピュータウイルスなどに感染させて抜け道を作る，③プログラム開発時に侵入できるようにあらかじめ抜け道を作っておくなどの態様がありますが，いずれにしても，アカウント（ＩＤ，パスワード）などの使用権限によらずに，他人のＰＣなどに不正に入り込む出入口であり，それはブラウザ（インターネットエクスプローラ（以下「ＩＥ等」という。））にＵＲＬ又はアクセス履歴となって残ります。

私たちは，通常，ＩＥ等を使って，インターネット上のサイトを見ますが，この際にも，アクセス履歴等が残ります。捜査機関としては，その履歴から犯行動機や計画性に関する情報を得ようして，ウェブブラウザに記録されたＵＲＬやインターネットの検索履歴を複写すべき範囲として指定してくるのでしょうが，この場合，その複写すべき範囲で執行するとバックドアに入り込む可能性があり，そのバックドアから無関係な第三者の電子計算機のデータにアクセスすることになる危険性があるなど大きな問題が潜んでいるわけです。

ただ，一般的に，バックドアとは，当該電子計算機の使用者に知られないように悪意の第三者が情報を盗み見たり，破壊したりするような場合を指しますが，お互いに合意して情報をいわば共有する形で設定している場合もあり，組織犯罪における情報共有に関しては別に考慮すべき場合があるものと思われます。

例えば，先行する捜査により検挙された共犯者供述等の捜査情報から，特定のＵＲＬについてブラウザに記録されていることが判明しているなどすれば，そのＵＲＬは，バックドアではなく，被疑者らにより情報を共有するために設定されているものであることが明らかとなりますので，そのような場合は，これに関する疎明資料を提出した上で，ＵＲＬを特定して本問にあるような記載例でリモートアクセス令状の請求ができる場合もあるものと思われます。

5　一括複写

問題10

甲社は，民事再生法に基づく再生手続開始決定を受けていたが，甲社役員Aが，監督委員に対し虚偽報告をしていた民事再生法違反事件が発覚した。警察は，A方自宅に対し捜索差押えを行い，Aの使用するパソコン等を差し押さえるとともに，いわゆるリモートアクセスによる複写処分を行うこととし，リモートアクセス令状の発付を得て執行した。

A方において，Aの指示によりA使用に係るパソコンを発見し，同パソコンについて，リモートアクセス令状に基づきファイルサーバ等の複写処分を行ったが，その複写処分の際，犯罪事実との関連性について個別に確認しようとしたが，明らかに関連性がないものを除いては，執行の現場においてその判別が困難であったため，一括して複写した。この複写処分は適法か。

結　論

犯罪事実との関連性の判別が困難であったため，一括複写した場合，その複写処分が直ちに違法となるものではありません。

解　説

リモートアクセスにより複写することができる電磁的記録は，犯罪事実との関連性が認められた差し押さえられるべきパソコン等の電子計算機であり，被疑者等が作成・変更・消去できることとされているものです。ですから，被疑者使用のパソコン等と電気通信回線で接続しているファイルサーバ等に保存されているメール等の電磁的記録は，犯罪事実と関連性を有する情報が記録されている蓋然性が相当高いと考えられます。

通常，こうした外部のファイルサーバ等に保存されているファイル等の電磁的記録は極めて多量であることが多く，捜査機関において複写処分に先立って犯罪事実との関連性を個別に確認しなければならないとなると，相当の時間を要し捜査の迅速性に反することになりますし，その場で直ちに犯罪事実との関連性を判断し難いものも少なくなく，複写処分の要否の判断は困難を極め，捜査機関に対し過大な負担を課することになってしまいます。また，犯罪事実との関連性を逐一判断している間に，情報を消去されてしまったり変更されてしまったりするということも考えられます。そうしたことから，リモートアクセス令状に基づく複写処分については，犯罪事実との関連性を確認することが困難である場合に，一括して複写したとしても，それ自体が直ちに違法となるものではないとされています。

本問の事案のように会社役員が作成している文書であることからすると，その性質上，ただでさえ本件に関連するデータは相当にあるものと推認されますし，また，そもそも既に再生手続開始決定を受けている会社であり，実際に虚偽報告をしているわけですから，本件文書やこれに関連するデータ等について，その発見を困難にするためにファイル名を一見して分からないように加工したり，特殊な記号を使うなどしていることもありますし，仮に本文を確認したとしても，本文の中に関係のない内容を巧妙に織り交ぜるなどしていることもありえますから，捜索差押えの現場における犯罪事実との関連性の確認はますますもって困難なものになっていることも十分考えられるわけです。

ただし，明らかに犯罪事実との関連性がないと判断できる場合，あるいは事前に得た捜査情報等から，複写処分すべき範囲が限定でき，それをもって捜査目的を遂げられることが明らかであるなどの事情がある場合に，犯罪事実との関連性を確認しないまま複写処分をしてもよいというものではありません。

第６　記録命令付差押え

１　記録等させるべき者

問題11

記録命令付差押許可状の請求に当たって，請求書の「電磁的記録を記録させ又は印刷させるべき者」欄には，どのように記載すべきか。

結　論

その組織の所在と組織名，部署名，職名，氏名を記載します。

ただし，事前協議により被処分者が了解していれば，特定の程度は，その事前協議による程度で構いません。

解　説

記録命令付差押許可状請求書の記載欄にある「電磁的記録を記録させ又は印刷させるべき者」とは，刑訴法218条１項，同法99条の２に定めのある「電磁的記録を保管する者」又は「その他電磁的記録を利用する権限を有する者」のことです。

例えば，法人の管理する電磁的記録の場合，その電磁的記録を保管管理している部門の長（情報管理部長等）が「電磁的記録を保管する者」となり，その部門においてシステム端末等からサーバ内の電磁的記録にアクセスして使用する権限を有する者（情報管理部係長等）が「その他電磁的記録を利用する権限を有する者」ということになります。

記録命令付差押許可状を請求する場合は，それらの者の中から「記録等させる者」を誰にするか，捜査機関と通信事業者等の間で事前協議等をして特定した上で，そのほかに「これに代わる者」を選択的に併記する方法で請求書に記載します。

電磁的記録を利用する権限を有する者とは，記録等させるべき電磁的記録が記録されている記録媒体に適法にアクセスして利用することができる権限のある者であればよいのであり，必ずしも排他的な利用権限がある者でなければならないということではありません。

また，通信事業者等との事前協議において，そもそも特定の者を定めないで，単に「情報管理部門の法務担当者」とすればよいとされているのであれば，あえて特定していなくても構いません。

ただ，いずれの場合でも，通信事業者等との間で事前協議をしたのであれば，単に聴取報告書にするのではなく，その事前協議等の内容で請求書に別紙引用するものを作成して，これを事前に被処分者である通信事業者等に添付ファイルとしてメール送信するなりファックス送信して，事前に確認しておいてもらうとより正確なものになります。

なお，多くの大手通信事業者では，従来の差押許可状で対応されているようであり，実務的には，記録命令付差押許可状の請求数はそれほど多くありません。

2　夜間執行

問題12

携帯電話の通話明細について，記録命令付差押許可状を請求することとなったが，その執行が日没後とせざるを得ないこととなった。この場合，夜間執行の許可を求めることはできるか。

結　論

法令上は可能です。ただし，実務上，その必要性は高くないものと思われます。

解　説

夜間執行の許可の文言がなければ，夜間執行できないとする刑訴法222条４項の定めは，記録命令付差押許可状についても適用されますので，その必要があれば，夜間執行の許可を求めることはできます。実務的には，事前に電話会社などと執行時期等について事前の打ち合わせをしてからの執行になるケースがほとんどなので，夜間執行の必要性は高くないものと思われます。ただし，携帯電話会社の業務運営上において通常営業時間に対応できないなどの特段の事情等があり，その事情が明けるのを待っていては通話明細の保管期間が経過してしまうなど，その必要性があれば，請求を受けて許可されることがあります。

記録命令付差押許可状の場合，電磁的記録の保管者等に対する「記録命令」と電磁的記録が記録された「記録媒体の差押え」と２段階に分かれていますので,「差押え」自体が令状の有効期間内で「記録命令」から数日後の予定であり，特に夜間に差し押さえる必要がない場合には，「記録命令」のみに夜間執行を請求することもできます。

その場合には，記録命令付差押許可状請求書の「５」の夜間執行の必要性欄に，例えば「携帯電話の通話履歴データを保管する株式会社○○○○と事前打ち合わせを行ったところ，同社の業務支障により，令和２年11月20日午後８時に上記履歴データを記録媒体に記録したいとの要請を受けたため，やむを得ず記録命令のみ夜間に執行したい。」などと記載すればよいでしょう。

そして，その疎明資料として，携帯電話会社との事前打ち合わせの報告書等を添付すれば，裁判官としてもその必要性を判断できます。最終的には，記録命令付差押許可状の枠外に，夜間執行許可文言として「この令状のうち記録命令については，日没後でも執行することができる。」と付記されて令状が発付されることになります。

第２編　捜索差押え

第2編　捜索差押え

本編では，本書においてメインともなる捜索差押えに関する諸問題を取り上げています。捜索差押えは，いわば，物的強制捜査の主軸となるものであり，あらゆる強制捜査の基本といっても過言ではありません。だからこそ，各種令状の諸問題を扱う本書のタイトルも「捜索差押等プラクティス」となっているわけです。

ですから，その基本を確認するとともに，それらの基本事項が，実際の令状実務において，どのような問題となってあらわれてきているのかを示し，その解説をするようにしています。

そうした趣旨から，従来から議論されている問題も数多く取り入れておりますが，それらの問題は，必ずしも実務的な結論が従来のものと変わらないというものばかりではなく，新たな社会の動きや変化などの中で，考え方を変え，あるいはその運用において工夫をしていかなければならないものも少なくなく，そのような意味からすると，これらの問題は，古くて新しい問題ということができます。

また，ショットガン方式といった新たな薬物密輸の犯行態様などに関して，従来からの議論が問題になる場面も出てきており，こうしたところについても，問題意識をもって検討しました。

以上のように，本編においては，従来からの問題についてその基本をしっかり確認しつつ，これに関し古くて新しい問題として見直すなどする一方で，新たな問題についても，今，まさに現場の令状実務において問題になっていることなどを取り上げ，これらの諸問題について解説を試みたものとなっています。

第１　請求先裁判所

問題13

絶滅のおそれのある野生動植物の種の国際取引に関する条約（以下「ワシントン条約」という。）により保護されているオオトカゲについて，輸出国の輸出許可証がなかったことから，同オオトカゲを別の個体と偽って東京税関に申告して輸入した関税法違反事件について，警視庁において捜査をして仕入業者の店舗が大阪市内にあると判明した。警視庁の警部が，東京簡裁の裁判官に捜索差押許可状を請求し，同許可状の発付を得て，大阪市内の同店舗の捜索差押えを実施した。そうしたところ，同店店長から，差し押さえるべき物であるオオトカゲを，同市内の小売業者であるペットショップに売り渡した旨供述を得た。

そこで，直ちに同ペットショップの捜索差押えを実施したいが，大元の関連令状は，警視庁管内での事件であるため，東京簡裁に請求している。この場合，捜査本部の設置してある警視庁に戻り，あらためて東京簡裁に同ペットショップに対する捜索差押許可状の請求をしなければならないか。

結　論

必ずしも東京簡裁に令状請求をしなくとも，本問では，仕入業者の捜索差押えを行ってはじめて新たな捜査情報に接し，速やかに令状発付を得て捜査をしなければ罪証隠滅が図られるなどのやむを得ないとの事情が認められますので，最寄りの裁判所である大阪簡裁への請求でも管轄は認められます。

解　説

刑訴規則299条１項によれば「司法警察職員の裁判官に対する令状の請求は，当該事件の管轄にかかわらず，これらの者の所属の官公署の所在地を管轄する地方裁判所又は簡易裁判所の裁判官にこれをしなければならない。但し，やむを得ない事情があるときは，最寄りの下級裁判所の裁判官にこれをすることができる。」旨規定しています。

つまり，請求者が警視庁に所属する警部であれば，警視庁の所在地を管轄する裁判所である東京地方裁判所又は東京簡易裁判所の裁判官（原則として東京簡易裁判所）がその令状の請求先となるわけです。ただ，同項の但し書にありますが，出張捜査等でやむを得ない事情があるときは，請求者の所属庁の所在地を管轄する裁判所の裁判官に限らず，最寄の下級裁判所の裁判官に請求できます。

本問においては，警視庁の警部が請求権者ですから，東京簡易裁判所の裁判官に請求することになりますが，まさに大阪市内に出張中，東京で発付を得た捜索差押許可状の執行の際に，事件関係者である仕入業者の店長からの供述で，はじめて差し押さえるべき物としてオオトカゲを大阪市内の小売業者であるペットショップに売り渡した事実が判明したのですし，速やかに同ペットショップの捜索差押許可状の発付を得て執行しなければ，仕入業者等から捜査情報が漏れて罪証隠滅を図られるおそれもあります。

したがって，警視庁の警部が，大阪市内で出張捜査中，最寄りの裁判所である大阪簡易裁判所の裁判官に捜索差押許可状の請求をするやむを得ない事情が認められますので，大阪簡易裁判所の裁判官への請求でも管轄が認められます。

第2　請求権者

問題14

捜索差押許可状の請求権者は，法令上いかなる立場にあるものである必要があるか。また，実務的にはどうか。

結　論

法令上は，司法警察員（司法警察員の指定を受けた司法巡査を含む。）であれば請求権者となり得ます。

検察官，検察事務官，特別司法警察員については，法令上の制限はありません。

司法警察員については，実務上は，犯罪捜査規範に則り，概ね，国会公安委員会等が指定する警部以上の者（以下「指定司法警察員」という。）が請求権者となっていることが多いようです。

解　説

捜索差押許可状の請求権者は，刑訴法218条４項で，検察官，検察事務官，司法警察員と定められているだけであり，通常逮捕状の請求のように，指定司法警察員である必要はありません。

ただし，司法警察員である必要はあるので，司法警察員の指定を受けている司法巡査は別として，緊急逮捕状の請求のように司法巡査にも請求権が認められているわけではありません。

検察官は，検事，副検事を問わず，検察事務官は，検察官事務取扱検察事務官は勿論のこと，検察官事務取扱を持っていない検察事務官にも請求権があります。もっとも，実務的には，その請求の多くは検察官によるものであり，検察事務官による請求はほとんどみません。

司法警察員に限っていえば，実務的には，犯罪捜査規範137条１項においては，やむを得ない場合を除いて，指定司法警察員が請求しなければならない旨規定しており，実務の運用も概ねこれに倣っているものと思われます。

なお，今述べたように捜索差押許可状等の請求書の請求者記載欄は，指定司法警察員である場合がほとんどであり，請求者の官職階級は「司法警察員　警部」であることが多いです。しかし，時に「司法警察員　警視」となっている場合もあります。比較的大きな合同捜査本部が設置されている事件やたまたま警部が不在の場合などで警視が請求してくることもありますが，請求者は警部であることの方が比較的多く，本来は警部と記載すべきところ警視と記載している単なる誤記の場合もあるので，請求に当たっても，審査に当たっても注意すべきところです。

第３　被疑者

１　被疑者不詳の場合

問題15

捜索差押許可状の請求に際し，被疑者が判明していない場合，被疑者の記載はどうすべきか。

結　論

被疑者が全く判明していない場合は，単に「不詳」と記載するのみで足ります。

被疑者が特定されているものの，その氏名等が不詳である場合は，逮捕状の場合の氏名不詳の被疑者の特定方法に準じて，人相，体格，その他被疑者を特定するに足りる事項の記載でよいですし，被疑者写真があれば，その写真を添付した上で，別添写真の男などと記載することが考えられます。

解　説

捜索差押許可状等を請求するような場合，まだ被疑者が全く判明しておらず，被疑者を特定していくのに必要な証拠を収集する捜査の初期段階であることも少なくありません。

そもそも被疑者が誰か不明である状態ですと，被疑者の特定欄は何ら記載できないことになります。逮捕状請求については，氏名等が不詳でも誰を逮捕するかは決まっているので，その性質上，このような事態は生じませんが，捜索差押許可状等の場合，まだ被疑者が判明していない捜査の初期の段階で，被疑者を特定していくのに必要な証拠を収集するために捜索や差押が必要である場合がありますし，それを禁止する理由もありません。そのため，刑訴法に直接の明文規定はありませんが，被疑者が不明の場合，被疑者氏名欄は「不詳」と記載するのみで足りることが許されており，実務においてもそのような運用が定着しています。裁判例においても「氏名不詳は，刑訴法219条２項，同法64条２項の明文に反するが，刑訴規則155条３項に照らし問題ない」とされています（東京地決昭45．３．９．「和光学園事件」）。

これに対し，被疑者は特定しているものの，その氏名等が不詳である場合は，通常逮捕状請求書の記載に準じて，人相，体格その他被疑者を特定するに足りる事項の記載でよいですし（刑訴規則142条２項），被疑者写真があれば請求書に添付すると共に，令状添付用の写真を用意してもらえれば十分です。この場合でも，刑訴規則155条３項により，不詳としてもよいのですが，被疑者が特定されているのであれば，氏名等不詳としても，やはり逮捕状請求書に準じてできるだけ人相，体格等の特定要素を示して請求した方がよいと思いますし，実務的にもそのような扱いが多いようです。

被疑者不詳の場合，捜索差押許可状請求書等に記載すべき犯罪事実の要旨の被疑者について「被疑者不詳は・・・」とする必要はありません。請求書の頭書きの被疑者欄に「不詳」とあるのですから，犯罪事実の要旨に重ねて「被疑者不詳は・・・」とせずとも「被疑者は・・・」で足ります。

また，被疑者不詳は，被疑者の単複を示しているものでもありませんから，単独犯であることもあるし，複数犯であることもありえますので，被疑者不詳の場合，その単複はあまり気にしなくても構わないものと思います。通常，被疑者氏名等が判明しており，複数の被疑者が共謀している場合，例えばＡ，Ｂ，Ｃが共謀している場合，請求書の被疑者欄は「A　外２名」などとし，犯罪事実の要旨欄は「被疑者A，同B及び同Cは，共謀の上・・・」などとします。被疑者不詳が複数の場合，被疑者が特定されている場合と同様に，請求書の被疑者欄に「被疑者不詳　外数名」とし，犯罪事実の要旨欄に「被疑者は，氏名不詳の被疑者らと共謀の上」と記載してくる請求例もありますが，被疑者不詳がその単複も判明していない趣旨だとすると，この記載自体おかしいわけです。また，被疑者不詳の場合は，その単複が判明していないことがある場合だけでなく，複数と推認できたとしても，その関与態様も，共同正犯，教唆犯，幇助犯，あるいは同時犯なのか判明していないこともあり，仮にそのうちの一部の正犯性が否定されて，教唆や幇助となれば，犯罪事実の要旨の被疑者から脱落することにもなるわけです。そうすると，結局，被疑者不詳の段階では，その単複を気にすることなく，請求書の被疑者欄は，単に「被疑者不詳」とし，犯罪事実の要旨欄は「被疑者は・・・」とすることで足りるように思われます。

この点，被疑者Aが判明しており，Aの供述や携帯電話のやり取りなどから，氏名不詳の被疑者らとの共謀が明らかである場合には，請求書の被疑者欄は「被疑者A」とし，犯罪事実の要旨欄は「被疑者は，氏名不詳者らと共謀の上，・・・」とし，敢えて共謀共同正犯である氏名不詳の被疑者らを犯罪事実の要旨において被疑者として立てずに，被疑者欄を「被疑者A」のみで記載する請求例が多いようです。

2　被疑者死亡の場合

> 問題16
>
> 被疑者が死亡している場合，捜索差押許可状の請求はできるか。できるのであれば，被疑者の記載はどうすべきか。

結　論

被疑者が死亡している場合でも，捜索差押許可状の請求をできる場合があります。

被疑者が死亡している場合，「○○太郎（令和元年○月○日死亡）」，「死亡」又は「不詳」と記載する例があります。

解　説

被疑者が死亡している場合，既にその被疑者について公訴を提起することはなくなるという理由から，被疑者死亡の場合は，強制処分としての捜査である捜索差押えはできないという考え方もあります。しかし，被疑者死亡といっても，その時点で最も嫌疑の濃厚な者が死亡したというに過ぎないような場合は，捜査を遂げることで他に被疑者が判明することもあり得ますし，共犯者がいることもあるかも知れません。例えば，山道の急なカーブを曲がりきれずに転落し自損事故により同乗者を死亡させた過失運転致死罪で，一見して死亡した運転者のハンドル操作のミスによるものとみられた事故が，実は非接触でその事故を誘発した疑いのある他車があったような場合，被疑者は別に存在する可能性があることになります。また，単独実行であると考えられていた殺傷事件で，その実行犯が死亡したとしても，その背後に共謀者がいることもあり得るわけです。ですから一見して嫌疑が濃厚である被疑者が死亡しているからといって，直ちに，これ以上捜査ができないと考える必要はありません。

この場合の被疑者の表示の仕方ですが,「○○太郎（令和元年○月○日死亡)」又は「死亡」と記載する例があるほか，上述したように他の被疑者の存在を疑わせる事情があるような場合など，実務では「不詳」と記載する例も見られます。

一件記録から被疑者死亡がうかがえるような事件で，被疑者欄が「不詳」になっていると，場合によっては，裁判官から被疑者不詳とした理由や，そもそもの令状請求の必要性を尋ねられることがあるかも知れませんが，その場合，既に述べたように，他の被疑者や共犯者の存在を疑う蓋然性などについての現段階での捜査から判明している事情等を説明すればよいでしょう。

第４　罰条記載の要否

問題17

捜索差押許可状請求書や同許可状には，罪名の他に罰条も必要か。

結　論

罰条の記載までは必要ありません。

ただし，特別法違反については，罪名の記載だけでは，いかなる犯罪に関する令状であるか分からないとして，罰条を記載している実務例もあるようです。

解　説

(1)　問題の所在と考え方

捜索差押許可状や同許可状の請求書には，法令上，罪名の記載は要求されていますが（刑訴法219条，刑訴規則155条１項４号），起訴状のように「罪名は，適用すべき罰条を示してこれを記載しなければならない（刑訴法256条４項）」といったような定めはありません。

また，刑法犯や盗犯等の防止及び処分に関する法律違反の事件については，罪名として，「殺人」，「強盗致傷」，「詐欺」，「常習累犯窃盗」などと記載することで，いかなる犯罪に関する令状かは分かりますので，罰条までも記載しなくても特に問題はないものとされています。

ところが，特別法違反の場合，例えば，覚醒剤取締法違反の場合，罪名からだけでは，覚醒剤所持罪なのか，使用罪なのか，譲渡罪なのか判然としません。

法令が罪名の記載を要求しているその趣旨とするところは，その罪名の嫌疑が存在すると判断されて令状が発付されたことを明らかにして，被処分者にこれを明示的に示せるようにすることにあります。また，捜索すべき場所や差し押さえるべき物との関連性を明らかにするという効果もあります。

そうしたことから，特別法違反の場合は，罪名の記載のみでは，その趣旨を全うすることができないから，罰条までの記載を要するという考え方もあります。

(2)　判例と結論

しかし，最高裁は，地方公務員法違反事件の捜索差押許可状について，「憲法35条は，捜索，押収については，その令状に，捜索する場所及び押収する物を明示することを要求しているにとどまり，その令状が正当な理由に基づいて発せられたことを明示することまでは要求していないものと解すべきである。捜索差押許可状に被疑事件の罪名を，適用法条を示して記載することは憲法の要求するところではなく，捜索する場所及び押収する物以外の記載事項はすべて刑訴法の規定するところに委ねられており，刑訴法219条１項により許可状に罪名を記載するに当たっては，適用法条まで示す必要はないものと解する。」と判示しています（最大決昭33．7．29）。

上記判例の趣旨からすれば，罰条の記載は必要ないということになります。

(3)　実務のあり方

罰条の記載は禁止されているわけではありませんし，罰条を記載することによる効用等を考慮し，特別法違反については，罰条を記載する扱いをとっている実務例もあるようです。

この場合の記載方法としては，請求書の罰条の記載の有無にかかわらず，許可状に罰条を記載する方法と，請求書に罰条の記載があり，逮捕状と同様に，捜索差押許可状に請求書を添付して引用する場合，請求書の記載をもって罰条の記載ありとして，許可状の頭書には特別法違反の罪名のみを記載し，請求書に罰条の記載があっても，犯罪事実不添付として，請求書を記載しない場合にのみ，許可状に罰条を記載するという取扱いをしていることもあるようです。いかなる場合でも，共同正犯（刑法60条），身分犯（刑法65条）等の条文を入れる必要はありません。

逮捕状の罰条の記載についてあった事例ですが，真正身分犯の事件について，刑法65条１項の記載がなかったとして，検察官が勾留請求前に被疑者を釈放して緊急逮捕したということがありました。身分犯の罰条の不記載など逮捕の適法性に何ら影響ないので，釈放も緊急逮捕も全く必要ありませんでした。

(4)　特別法の罪名記載での留意点

ア　カタカナ書の法令名（件名）

例えば，「暴力行為等処罰ニ関スル法律」や「盗犯等ノ防止及処分ニ関スル法律」などは，本来ひらがなで表記するところをカタカナにしている法令があります。戦後の法令はすべて正式の名称が付されていますが，戦前に作られた法令には正式な名称がつけられず，法令の公布文の中に「〜ニ関スル件」とあるものを引用して，これを件名と呼び法令の名称として用いているものがありました。上記に紹介したような法令がそうですが，これらは法令としての正式な名称ではありません。現在の公用文は，ひらがな交じりで記載することになっていますので，「暴力行為等処罰に関する法律」ということになります（裁判所法26条２項２号参照）。

イ　固有の罪名を持つ特別法

同じ特別法でも，平成26年５月20日から施行された「自動車の運転により人を死傷させる行為等の処罰に関する法律（以下「自動車運転処罰法」という。）」の場合は，危険運転致死傷，過失運転致死傷などと固有の罪名が決められているので，これを記載すれば，刑法犯と同様に罰条を示す必要はありません。

ウ　法改正

特別法の場合，法改正が頻繁であることも少なくないので，注意が必要です。実際の犯行日時と令状請求日の間に法改正があると，改正附則の定めなどにもよりますが，多くの場合，適用される法条は改正前のものになりますので，記載としては「令和○○年法律第○○号による改正前の○○法（同法○○条）違反」というような記載になります。直近の改正の場合は，法律番号を付さずに，単に「改正前の○○法・・・」とする場合もあります。

なお，法令の改正が複数回あって，先の改正の方が必ず早く施行日を迎えるというわけではなく，後の改正が先に施行日を迎えるということも希にありますので，改正及び施行経緯等について十分調査しておく必要があります。

第5　告訴欠如の場合

問題18

マンション駐輪場に駐輪していた大型自動二輪車のシートが放火され，同シートが焼け焦げる器物損壊事件が発生した。犯行現場の防犯カメラの映像によれば，被疑者の顔はハッキリと写っていなかったものの，犯行時，背中に白い龍の文様の入った黒革様のジャンパーを着ていることが判明しており，同ジャンパーを着た者が，犯行後，同マンションの202号室A方に入っていったことが確認されている。

被害にあった大型自動二輪車の所有者は，同マンション303号室に居住するVであったが，本件被害発生時，海外出張中であり，C国に滞在中であったところ，折しも新型コロナウイルス感染拡大のためC国が出入国を規制しており，Vから告訴状がとれない状況にあった。本件は大型自動二輪車のシートを焦がしたに過ぎず被害額も少額であったものの，手段方法が放火であったことなどから，事案の悪質性に鑑み，所有者の告訴を待たず，A方に対する捜索差押えを実施することとした。なお，C国の通信インフラが十分でないことから，平時においてさえ，通信途絶することが少なくないところ，感染症拡大の影響によりC国内が混乱している状況にあることから，Vと連絡さえとれておらず，その告訴意思の確認もできていない。

犯人性に係る証拠として，A方を捜索し，被疑者が犯行時に着ていた白い龍の文様の入った黒革様のジャンパーを差し押さえたいが，捜索差押許可状の請求はできるか。

結　論

捜索差押許可状の請求はできます。

解　説

本問では，公共の危険の発生等についての検討は必要であるものの，場合によっては，建造物等以外放火罪（刑法110条１項）とすることも可能であり，この罪であれば非親告罪ということになりますが，本問は器物損壊罪（同法261条）として立件されていますので，親告罪となります（同法264条）。親告罪であると，被害者の告訴が訴訟条件となります。訴訟条件とは，訴訟手続を有効に成立させ，これを存続させるための条件です。ですから，この訴訟条件が欠けたまま公訴が提起された場合，刑訴法338条４号により，被告事件は公訴棄却となります。

ただ，訴訟条件は，あくまで公判請求なり略式請求なり，いずれにしても，起訴に関して問題になるものであり，刑訴法等の法令では，捜査段階において告訴がなければ捜査をしてはならないという定めはありません。

現実の捜査においても，例えば，別居の親族が身内で窃盗をした親族相盗例の事案で，身内を告訴する判断に迷っている，又は被害者が病気等の理由により告訴意思を確認できないなど様々な事情により，被害者からすぐに告訴がとれないという場合がありますし，他方で，その告訴を待ってから捜査したのでは，証拠が腐敗したり消失したり，又は被疑者が証拠の隠滅を図るなどするおそれがあるということもあります。

こうした事態を想定して，犯罪捜査規範において「警察官は，親告罪に係る犯罪があることを知った場合において，直ちにその捜査を行わなければ証拠の収集その他事後における捜査が著しく困難となるおそれがあると認めるときは，未だ告訴がない場合においても，捜査しなければならない。」と定めています（同規範70条）。

本問では，被害者である所有者が海外出張中でＣ国に滞在中であったところ，折しも新型コロナウイルス感染拡大のためＣ国が出入国を規制しており，Ｖから告訴状がとれない状況にあったというのですから，Ｖから告訴が得られない事情が認められます。また，差し押さえるべき物は，犯行時に被疑者が着ていた龍の白い文様の入った黒革様のジャンパーであるところ，本件との関連性・必要性は十分に認められ，犯人性立証において非常に重要な証拠となりますが，衣類であることからその罪証隠滅も比較的容易であると言えます。Ｖの滞在国の状況から告訴意思さえ確認が困難な状況にあるわけですから，Ｖの告訴を待っていては，重要な証拠について罪証隠滅をはかられるおそれも高く，捜査をすべきであり，捜索差押許可状の請求もできるということになります。

なお，Ｖの告訴がなくても，令状請求は可能ですが，裁判官としては，少なくともＶからの被害届や告訴意思がどうなっているのかは確認したいところです。Ｖ本人の意思が確認できなくても，例えば，偶々Ｖ本人と連絡のとれていた親族からＶ本人の告訴意思が聴取できていたとなれば，それは聴取して参考資料としてもらいたいところです。仮に，これらが不明であっても，Ｖから告訴がとれず，しかもその告訴意思や被害感情等が確認できていないのであれば，本問にあるような具体的事情を報告書にまとめるなどして疎明資料化しておいてもらうと，令状審査において大変参考になります。

第６　犯罪事実の特定

> 問題19
>
> 児童ポルノの製造罪等で，判明したＩＰアドレスから契約者情報を差し押えるための差押許可状の請求をするに当たり，その犯罪事実の特定のために，注意すべきことは何か。

結　論

画像データについて，ファイル名が付いている場合はそのファイル名を，ファイル名が付いていない場合は，その画像データのＵＲＬを記載して特定しないと犯罪事実の特定が十分にできていないことになる場合があります。

解　説

児童ポルノの画像の製造等の犯罪に関する捜査の端緒は，サイバーパトロールや第三者の通報等による場合が多く，その捜査の初期の段階では，捜査資料は画像データのみであり，被疑者や犯行場所も判明しておらず，ほかに特定要素が十分にないことがほとんでです。ですから，犯罪事実として特定するためには，画像データから判明する製造日時等を犯行日時とすることはもちろん，その画像データにファイル名が付いている場合には，そのファイル名を，ファイル名が付いていない場合には，インターネット上のファイルの住所ともいうべき「ＵＲＬ（Uniform Resource Locator）」の「http://○○.jp/△△.html」を付記して画像を特定しなければなりません。

また，ファイル名で特定したとしても，そのファイルの中に，多数の画像があり，児童ポルノに該当しないようなものもある場合には，やはりファイル名だけでなく，画像データごとのＵＲＬの付記が必要になってくるものと思います。

一般的にＵＲＬは英数の長めの文字列であることが多いですが，画像データを特定して犯罪事実を特定するためには，正確に記載する必要があります。

画像が相当数あり，ＵＲＬも相当長いような場合でも，画像の特定のためということからすれば，基本的には省略はできないものと考えるべきですが，ＵＲＬのホスト名やドメイン名に共通項があれば，一覧表を作成するなどしてその共通部分を「前同」などとして省略する工夫はしてもよいものと思います。

また，画像データの特定のために，画像データを複写して犯罪事実に「画像（別紙画像の写し）」などと記載して，その画像の写しを添付するという方法が考えられないわけではありません。しかし，こうして画像データの写しを作るということは，捜査機関や裁判所において，法令に基づくとはいえ，新たに児童ポルノの画像を作り出してしまうことにもなり，また，その令状執行の際に，被処分者に対して，その画像データを示すことにもなってしまうので，いかに犯罪事実の特定のためとはいえ，相当な方法ではないと思います。

以上は，あくまで犯罪事実の特定のために必要な記載となりますが，逆に過剰な特定はするべきではありません。

例えば，不正に入手した多数のクレジットカードを使い，それぞれ別の機会に別のクレジットカードを使って数十回にわたって商品を騙し取った詐欺の事件において，犯罪事実を記載するに当たり別表を使って日時場所ごとに事実を特定する場合，使用されたクレジットカードについて，それぞれのカード番号まで記載する必要はありません。

一般的には，犯罪事実の特定というのはできる限りやった方がいいということは言えると思いますが，それにはやはり適正な特定の程度というものがあると思います。

それでは，その適正な特定の程度というのは，どのように見極めていくのかということになりますが，その基準となるのが他の犯罪と誤認混同を生じない程度の特定ということになると思います。

前述したクレジットカードを使用した詐欺の例によれば，１回，１回の詐欺は，日時場所，被疑者，被欺罔者，被害品が特定されていれば，あとはクレジットカードを使用したという犯行方法さえ分かれば，それ以上に個々に使用したクレジットカードの番号まで特定しなくとも，他の事実と誤認混同を生じるようなおそれはおよそ考えられません。

結局，この多数の詐欺の事件の例では，クレジットカードのカード番号の記載は過剰な特定であり不要ということになります。

長期間をかけて捜査をした結果，犯罪事実について相当詳細なレベルまで判明したということになると，捜査の結晶として，ついつい犯罪事実に盛り込みたくなるものですが，令状請求のための犯罪事実は，捜査の結果を詳細に盛り込むところではなく，令状請求を理由のあるものにするための事実の要旨を簡潔に記載するところなのであり，そこの意識は明確にしておく必要はあります。

第7　差し押さえるべき物

1　証拠物と没収すべき物

問題20

差押許可状により，差押えの対象となる物は，どのような物か。そもそも差押えの対象にならない物はあるのか。

解　説

差押許可状により，差し押さえるべき物として，差押えの対象となる物は，「証拠物又は没収すべき物と思料するもの」です（刑訴法222条１項，同法99条１項）。以下，(1)証拠物と(2)没収すべき物について説明します。

(1)　証拠物

証拠物とは，当該差押許可状の罪名によって表示された特定の犯罪事実を直接証明する資料である直接証拠はもちろん，間接証拠や情状事実を認定するための資料となる物も含みます。具体的には，被疑者が犯行に使用した凶器である包丁や着用していた衣類等，犯行計画のメモ，薬物犯罪の使用器具や薬物そのものである覚醒剤等の違法薬物です。これらのうち覚醒剤等の違法薬物は，犯罪事実立証のための証拠物であるというだけでなく，この後に解説する没収すべき物にも当たります。

差し押さえるべき物のうち，証拠物には，動産だけでなく，不動産も含まれます。しかし，その財産的価値の保全を目的とする民事保全の差押えと異なり，刑事事件の証拠保全の差押えとしては，不動産の性質上，隠匿や破壊のおそれは低く差押えをする必要性は必ずしも高いとはいえません。実際に，差押えの必要性の観点から，３階建ての建物について，証拠保全には検証等によれば十分であるなどとして，差押処分を取り消した下級審裁判例もあります（千葉地決昭55．５．８）。差押えた後の管理の負担が過重となることなどもあり，実務的には，不動産の差押えはほとんどありません。

また，当然のことですが，生きている人間は，供述証拠を得るための証拠方法として証人になったり，傷痕について身体検査の対象になったりすることは別として，人の身体の全部又はその一部を公権力の行使の一形態である差押えという形で公けにその管理を取得することは許されないと考えられており，差押えの対象にはなりません。

人間の尿は，一定時間が経過すれば生理現象として体外に排出される老廃物であり人体の一部を構成するものではないので，差押えの対象になります。他方で，血液は尿とは違い，人の生命・健康の維持に不可欠な身体の構成要素であることなどから差押えには馴染まないと考えられています（強制採血については本書204ページ参照）。なお，死体，切断された死体の一部，生きている動植物等は証拠物として差押えの対象になります。

⑵　没収すべき物

没収すべき物には，刑法又は特別法のそれぞれに根拠があり，必要的没収と任意的没収に分けられます。下記の表で，必要的没収と任意的没収に分けて具体例を示してみました。

なお，必要的没収については，その物の存在が確認されて証拠として保全されている以上，有罪判決（略式命令を含む。）において必ず没収しなければならず，これを欠くと違法な判決となります。

必要的没収	任意的没収
賄賂罪に関して犯人又は情を知った第三者が収受した賄賂（刑法197条の５）	犯罪組成物件 偽造私文書行使罪における偽造文書，賭博罪の賭金等（刑法19条１項１号）
公選法の買収罪等に関して収受し又は交付を受けた利益（公選法224条）	犯行供用物件 殺人罪で使用された包丁等 （刑法19条１項１号）
選挙に関し携帯した凶器（公選法233条）	犯罪生成・取得・報酬物件 賭博罪によって得た金銭等 （刑法19条１項３号）
麻薬所持罪等の麻薬等（麻薬及び向精神薬取締法違反69条の３）	対価物件 盗品等の売却代金 （刑法19条１項４号）
覚醒剤所持罪等の覚醒剤又は覚せい剤原料（覚せい剤取締法41条の８）	無届譲受に係る登録銃砲等 （銃刀法36条）

以上が，差押えの対象となる証拠物及び没収すべき物ですが，そのいずれも，「物」，つまり，有体物ですから差押えの対象となることは容易に理解できると思います。

これに対し，音声や電磁的記録の中身である情報そのものを差し押さえることはできませんが，音声や画像が録音録画されたＤＶＤ，電磁的記録である記録媒体やその情報を印字した紙面は差押えの対象となります。

なお，接続サーバのデータを差し押さえるべきパソコン等に複写してこれを差し押さえたり，データを他の記録媒体に記録させてその記録媒体を差し押さえたりするいわゆるリモートアクセス等については別途解説します（本書23ページ以降）。

2　犯罪事実との関連性１

問題21

捜索差押えにおける差し押さえるべき物と犯罪事実との関連性は，いかに考えるべきか。

解　説

捜索差押許可状の請求は，捜査の初期段階であることも少なくないことなどから，一般的に，逮捕状請求の段階と比べて，犯罪の嫌疑の程度は高くなくてよいと考えられているものの，それでも，その段階で嫌疑が低いなりに，犯罪事実を構成できるだけの基本的な疎明資料が揃っている必要はあります。

そして，構成できた犯罪事実において，差し押さえるべき物が，その犯罪事実の証拠と言えるか否か，言えるとしてその関連性の濃淡がどの程度のものかということが問題になり，以下のような判断基準が考えられます。

(1)　犯罪事実の発生からの時間の経過

例えば，覚醒剤の譲渡等の事案で，譲受人による供述で譲渡人が判明して捜索差押許可状を請求するようなケースはしばしばあります。その場合，譲受人の供述に係る取引がごく最近のものであれば，捜索先において発見された覚せい剤との関連性を肯定しやすいですが，取引から数か月から半年といった相当長期間経過した後ですと，捜索場所にある覚醒剤が，譲受人の供述をベースにした犯罪事実との関係では関連性は希薄と言わざるを得なくなるので注意が必要になります。

⑵　犯罪事実の立証と証拠物との距離

犯罪事実の発生との時間の経過だけでなく，犯罪事実の立証との関係でも関連性は問題になります。直接証拠であれば何ら問題なく認められますが，これが間接証拠や情状に関する証拠となると関連性は薄くなってくる関係にあります。

先ほどの例で言いますと，覚醒剤取引から相当長期間経過した後に捜索すべき場所に残っていた覚醒剤は，その取引自体の立証に使える証拠である可能性が低いので直接証拠としては問題がありますが，間接証拠や情状に関する証拠にはなることはあり得ます。もっとも，覚醒剤自体であれば，本件に係る覚醒剤として押収しなくても，その場で覚醒剤所持により現行犯逮捕して，逮捕に伴う捜索差押えにより押収すればよいことになります。

これとは異なり，通常しばしば覚醒剤の使用に供する注射器などの場合，その所持自体が犯罪になるわけではなく，また覚醒剤譲渡事案で直接証拠になるものでもありませんが，覚醒剤譲渡の被疑者は，自らも覚醒剤を使用していることも少なくなく，被疑者が覚醒剤の認識を否認しているような場合は，これに対する間接事実として必要な場合もありますし，覚醒剤の譲渡に伴ってサービスとして注射器を付けているようなこともあるので，譲渡事実の間接証拠となることはあり得るわけです。

いずれにしても，基本は，本件取引である犯罪事実との関連性ですから，慎重な判断が必要となりますし，関連性が希薄な場合は，差し押さえるべき物について落とすなり，請求そのものについて検討し直すことも考えなければなりません。

(3) 犯罪事実の構成の仕方と差し押さえるべき物

ある色情盗の事案で，被疑者がＶ方ベランダに干してあったブラウス１枚を窃取したという犯罪事実で，捜索場所を被疑者の実家として，差し押さえるべき物を被害品であるＶ所有のブラウス１枚のほかに，同じくＶ所有のショーツ１枚とした上で，捜索差押許可状を請求してきたものがありました。

この事案では，被疑者は，実家の隣町のアパートで１人暮らしをしており，通常逮捕されるとともに，アパートの捜索がされましたが被害品は発見されませんでした。請求者によると，被害者のＶの供述から，盗まれた物は，ブラウス１枚の他にショーツ１枚であり，目撃者供述も被疑者が複数の衣類を盗んでいたということであり，防犯カメラにも犯行現場付近に写っている被疑者の映像からは，被疑者がブラウス以外に下着様のものを把持しているかのように見えたことなどから，被疑者は，ショーツ１枚も盗んでいるものと疑われましたが，被疑者はブラウスの窃取については認めていたものの，ショーツ１枚の窃取については頑なに否認していたことから，手堅いブラウス１枚で犯罪事実を構成した上で，他に被害品としての可能性のあるショーツ１枚は，差し押さえるべき物に入れたということでした。

しかし，この考え方は，差し押さえるべき物と犯罪事実との関連性という観点からはおかしいわけです。犯罪事実について，立証の容易性や被疑者の認否等の状況から手堅いところで構成しようとすることは，場合によっては必要になることもありますが，仮に，この考え方を貫くのであれば，差し押さえるべき物としてＶ所有のショーツ１枚を入れることは関連性との兼ね合いで問題ができます。紹介したケースでは，被害者や目撃者の供述に加え防犯カメラの映像等の証拠関係から，ブラウス１枚のほかにショーツ１枚も本件窃盗の被害品である犯罪の嫌疑が一応疎明されているといえますから，そうであれば，被疑者がショーツ１枚の窃盗部分について否認していたとしても，これを犯罪事実に盛り込んだ上で，その関連性を明らかにして，ショーツ１枚を差し押さえるべき物として掲げるべきだと思われます。

３　犯罪事実との関連性２

問題22

　Ａ及びＢが共謀して，ＢがＶに刃物を示して脅迫して逮捕して甲車に監禁し，Ａが甲車を運転し，Ｂが後部座席でＶを見張ってそのまま約１時間移動し（以下「第１事実」という），その途中で，ＢがＣに連絡をしてＣに本件犯行に加担するように持ち掛けて，Ｃはこれを受けて加担することとし，途中のコンビニエンスストア駐車場でＡらと落ち合い，甲車から，Ｃが運転してきた乙車に乗り換え，Ｃが乙車を運転し，Ａが助手席，Ｂが後部座席でＶを見張って監禁した上，Ｖから現金100万円を強取した（以下「第２事実」という。）という逮捕監禁，強盗事件（以下，第１事実と第２事実を併せて「全事実」という。）に関し，全事実を被疑事実としたＡ，Ｂの逮捕状，第２事実を被疑事実としたＣの逮捕状とＣ方自宅を捜索場所とした上で，甲車，乙車，本件凶器である刃物を差し押さえるべき物として捜索差押許可状を請求することとしたいが，何か問題はあるか。

結　論

　Ｃ方の捜索差押許可状の犯罪事実と差し押さえるべき物の関連性を明確にした方が良いものと思われます。

解　説

　本件請求の事実関係からすると，まずは第１事実についてＡ，Ｂが共謀して敢行しており，その後，ＢからＣに電話連絡があり，Ｃは第２事実からＡ，Ｂと共謀して敢行していることがうかがわれます。本件のような犯罪において，ＣがＡ及びＢとの関係でいかなる立場になるのかについては，この解説における目的を超えるので詳論するのは避けますが，いずれにしても，Ｃは第２事実から本件について関与していることは間違いありません。

そこで，請求者としては，Ａ，Ｂについては，全事実を被疑事実として，Ｃについては第２事実を被疑事実として逮捕状を請求することにしたのであり，それ自体は特に問題はありません。ただ，Ｃ方自宅の捜索差押許可状の犯罪事実を第２事実だけとすると，第１事実の犯行供用物件である甲車や脅迫において示した凶器である刃物を差し押さえるべき物として掲げた場合に，その関連性が分かり難くなります。もちろん，差し押さえるべき物は，必ず犯罪事実に出ていなければ関連性が認められないというものではありませんが，やはり，まずは犯罪事実です。それにＣ方自宅に対する捜索差押許可状の犯罪事実は，Ｃに対する逮捕状の被疑事実と異なり，Ｃの敢行した第２事実についてだけではなく，第１事実と第２事実は併せて一つの事実となるような密接関連性を有しているのであり，ここは，やはり，全事実を犯罪事実として捜索差押許可状を請求することにより，差し押さえるべきものとの関連性も明らかにした方がよいものと思います。

なお，第１事実についての甲車や刃物に関しては，Ｃが共犯者であるからということだけで，Ｃ方の捜索差押許可状において差し押さえるべき物とするのは，その物の存在の蓋然性の疎明としては十分とは言えません。仮に，甲車や刃物についてＡ又はＢ所有の物であればなおさらです。やはり，Ｃ方自宅の捜索差押許可状の差し押さえるべき物として，それらの物を掲げるのであれば，甲車がＣ方敷地内に駐車している状況に関する捜査報告書なり，凶器である刃物をＣ方に隠匿したなどの共犯者らの供述調書など，Ｃ方にそれらの物がある蓋然性を示す疎明資料をできるだけ収集した上で，これを添付して請求するべきでしょう。

なお，捜索場所をＣ方として，犯罪事実を全事実とする場合でも，他の捜索差押許可状請求書の被疑者氏名欄が，例えば「Ａほか２名」であるならば，Ｃ方を捜索場所とする捜索差押許可状の被疑者氏名欄も「Ａほか２名」とし，あえて「Ｃほか２名」とするのは良くありません。請求例によっては，捜索場所ごとに被疑者名を変えるようなものもあるようですが，同じ犯罪事実なのですから，主要な被疑者１名をあげて「Ａほか２名」としている以上，同じ事件の令状であることを一目で分かるようにするためにも，同じ被疑者名で統一した方が良いでしょう。

4　自動車の特定

> 問題23
>
> 　公道上において駐車中の自動車自体に対する差押えについて，以下の場合，どのようにすべきか。
>
> (1)　令状の種別としては，捜索差押許可状か，それとも差押許可状か。
>
> (2)　差し押さえるべき自動車の特定要素として，当該自動車の駐車場所を記載する必要はあるか。
>
> (3)　差し押さえるべき自動車を特定するために必要な要素は何か。従来から必要とされてきた要素で不要なものはあるか。また，むしろ有害な記載としてはどのようなものが考えられるか。

結　論

(1)　差押許可状です。

(2)　駐車場所を記載する必要はなく，むしろ記載すべきではありません。

(3)　自動車の特定に必要な要素は，登録番号（軽自動車は，車両番号）だけで構いません。ただし，ナンバープレートの偽造や不法な付け替えなどの場合は，車台番号等の別の特定要素が必要になります。

　従来から必要とされてきた車種，型式，年式等は，特定要素となりますが，登録番号で特定されれば，必要ありません。逆に，自動車の色については，必要ないどころか，有害的記載となることもあります。

解　説

(1)について

公道上は，どこをどう走行していようと，どこに駐車していようと，その場所を捜索したところで，誰の権利侵害も伴いません。ですから，公道上で自動車を差し押さえる場合は，その差し押さえるべき自動車を捜すという事実上の行為があるとしても，それは裁判官による捜索許可状を必要とする捜索ではないということになります。そうすると，結局，公道上において駐車中の自動車を差し押さえるには，差押許可状だけで十分ということになります。

⑵について

差し押さえるべき自動車の駐車場所を記載することは，一見すると，自動車の特定要素として適当であるかのように思われますし，実際の請求例としても，公道上だけでなく，自動車の所有者の駐車場や第三者が管理する駐車場等の所在を自動車の特定要素として記載してくるものが散見されます。

駐車場所の記載をすること自体が誤りというわけではありません。しかし，このような記載は自動車の特定要素としては意味がありません。むしろ，駐車場所の記載があると，これにより自動車の特定としてその所在場所で絞り込みをかけてしまうので，その場所から当該差し押さえるべき自動車が移動していた場合，もはやその差押許可状では，その自動車の差押えができないということになってしまいます。

このことは，実は，移動可能な車両に限りません。差押許可状請求書における差し押さえるべき物の特定要素としては，その物の所在は必要ないものがほとんどといっても過言ではありません（病院に保管中の被疑者の尿の特定に病院の所在地が必要ないことについて問題37（本書123ページ）参照）。

⑶について

差し押さえるべき自動車の特定要素としては，登録番号のほかに，所有者又は使用者（以下「所有者等」という。），車種，型式，年式，車両の色などがあり，登録番号以外に判明すれば，できる限りそれらの特定要素を明記して自動車を特定すべきとの考え方もあります。

しかし，偽造ナンバープレートやテンプラナンバー（車両を天ぷらの中身，ナンバープレートを衣に例えて，ナンバープレートを付け替えた車両についての警察隠語，以下，偽造ナンバープレートのものも含めて，単に「偽造ナンバー等」という。）などの特別な事情がある場合は別として，通常は，登録番号さえあれば，それだけで，同じ車両が２台あるということはないので特定は十分ということになります。ですから，その他の特定要素として，所有者等，車種，型式，年式等を記載すること自体，誤りではありませんが必要ないですし，差し押さえるべき自動車が相当数あるときなど，特定要素が多ければ多いほど請求書の起案にも，その審査にも余計な時間を要することになり，仮に一つでも誤記があったまま，看過されて許可状が発付されたとなれば，執行不能となるので，登録番号以外の特定要素の記載は，メリットよりもデメリットの方が大きいように思います。

なお，偽造ナンバー等の場合は，登録番号での特定ができませんので，車検証記載の車台番号等によることになりますが，場合によっては，これに，偽造ナンバー等を付けた自動車として，その偽造ナンバー等を特定要素として付記してもよいこともあろうかと思います。ただし，この場合，さらなる別の偽造ナンバー等の取り付けがありうるか，例えば，被疑者らが頻繁に偽造ナンバー等に取り替えている状況が窺えるかなどについて，捜査を詰めた上で，その付記について検討する必要があります。

また，自動車の色については，他の特定要素と比べて，不要などころか，有害的記載となることがあります。というのも，自動車の色については，主な疎明資料は，当該自動車の写真等になると思いますが，写真による場合，その撮影方法や撮影環境により実際のものと色合いが異なって見えることもあり，その疎明が十分できないこともあります。また，被疑者らにおいて，自動車の色自体を塗り替えてしまっては，もはや従前の色で特定した自動車を差し押さえるべき物とした差押許可状では差押えができなくなります。ですから，自動車の色については，十分な疎明ができないこともあり，また，その変更が比較的容易であることから，特定要素としては記載すべきではないと思います。

5　現金

問題24

現金を差し押さえるべき物とする場合,「本件に関係のある現金」とすることに問題はないか。

結　論

原則として「本件に関係のある現金」とするだけでは，特定が十分とは言えません。

解　説

「差し押さえるべき物」を特定する趣旨は，目的物を令状に明示する手続を通じて，差押えの可否に関する裁判官の判断を慎重に行わせ，裁判官が捜査機関に対して許可した差押権限の範囲を許可状の上に明示しておくことによって，当該差押えの執行に当たる捜査機関等の末端にまで，許可された権限の範囲を明確に周知・徹底させて濫用防止に役立てること，執行に際して処分を受ける者に当該許可状を示させ（刑訴法222条，同法110条），これらの者が法律上受忍すべき差押処分の範囲をあらかじめ知ることができ，許可された範囲外の目的物について現実の差押えがされたときには裁判所に不服申立てできるようにし是正を可能にした（刑訴法430条）ことにあるとされています。

また，一般的に，差し押さえるべき物とは，犯罪事実を証明する証拠物と没収すべき物であり，これが現金である場合は，当該犯罪によって得られた現金（特殊詐欺により得た現金等），当該犯罪に供された現金（贈賄で供与された現金等），当該犯罪のために準備された現金（常習賭博で賭博場において準備された現金等）などが考えられるところ，通常，現金の場合，日本銀行券の記番号で特定するような特別な場合を除いて，それ自体には特徴がないので，これらの証拠物たる現金又は没収すべき物としての現金を差し押さえるべき物とする場合，特定の問題が出てきます。

これらの現金を差し押さえるべき物とする場合に，よく見られるものに，「本件に関係のある現金」とするものがありますが，これだけでは十分な特定をしているとは言えません。なぜならば「本件に関係のある」というのでは，極端な場合，その執行現場で，捜査官が「本件に関係のある」と評価して認めてしまえば，いかなる現金も差押えが可能となってしまうことになりかねず，差し押さえるべき物の特定を要求している法の趣旨に沿わないものとなるからです。

そこで，現金を特定するためには，以下のような方法が考えられます。

⑴　被疑者，共犯者又は事件関係者から保管場所等について具体的な供述として金庫等の保管場所が明らかである場合は，その保管場所内の現金として特定します。

実際にあった例としては，いわゆる麻薬特例法の事案で，暴力団において運営されていた薬物密売について，被疑者らが密売で得た現金を「仕事のお金」と称し，組長の部屋の金庫内に入れて保管していたというものです。この場合は，金庫の特徴，たとえば，黒色で縦横幅70センチメートル，ダイヤル式の金庫内の現金などと特定すれば十分です。

⑵　被害届や被害者供述から被害金品として特徴を有しているものは，その特徴で特定します。

例えば，封筒に入った現金であれば，封筒の色や大きさ，そこに書いてある文字などで特定しますし，殺傷現場でのものであって，その現金の損傷状況や血痕の付着等の特徴のあるものは，それらの特徴で特定します。

(3) 捜索場所自体が犯行現場であるような場合は，本件に関する現金で認められる場合もあります。

例えば，違法カジノの賭博場，特殊詐欺のアジト，無許可風俗営業の店舗，出資法違反の高利貸の事務所などが考えられます。このような場所である場合，その捜索場所自体が，犯行場所であり，そこに所在する現金というだけで，当該犯罪との関連性に強い蓋然性があると言えるからです。

ただし，こうした場合でも，請求に当たっては，店舗や事務所等であって，客の情報からレジスターがあるなどすれば，レジスター内の現金などとして，できる限り慎重に特定するべきであり，上記にあげたような犯罪類型であり捜索場所が犯行場所だからといって，捜査を尽くさずに安易な請求をすることは許されません。

第８　捜索場所の表記

１　その１

問題25

被疑者「佐藤Ａ男」(30歳）の大麻所持の事案について，東京都足立区○○・・・番地所在の自宅の捜索差押えをすることとした。佐藤Ａ男は，一戸建て家屋に母親の佐藤Ｂ子を世帯主として２人で暮らしている。その一戸建ては，元々母親Ｂ子の父であり，被疑者の祖父である本田Ｃ夫が所有していたがＣ夫は３年前に死亡している。

現在は，被疑者Ａ男と母親のＢ子の二人暮らしであるが，その一戸建て家屋の玄関先表札が「本田Ｃ夫」のままとなっている場合，捜索差押許可状請求書の捜索すべき場所の記載はどうすべきか。

結　論

捜索すべき場所として以下のような記載が考えられます。

記載例１　東京都足立区○○・・・番地本田Ｃ夫方

記載例２　東京都足立区○○・・・番地佐藤Ｂ子方

記載例３　東京都足立区○○・・・番地所在の本田Ｃ夫の表札のある佐藤Ｂ子方

理　由

(1)　捜索すべき場所を特定する趣旨

憲法35条１項は，捜索する場所を令状に明示することを要請しており，刑訴法219条１項は，その趣旨を受けて，捜索すべき場所を令状の記載要件としています。そして，請求書においても刑訴規則155条１項１号において記載要件とされています。

捜索すべき場所の明示が要請されるその趣旨は，人の場所に対する管理権，居住権（以下「管理権」といいます。）を保障するところにあります。令状に場所が明示され，これが処分を受ける側に提示されれば，処分を受ける側としては捜索等を受ける場所を知ることができるので，結局，処分を受ける側が捜査機関が不当な執行をしないように監視することができ，管理権の保障につながるということです（佐賀地決昭41.11.19.）。

そうすると，本問の回答にある記載例１～３は，いずれも，少なくとも捜索等すべき場所の家屋が所在している住所である所番地までは記載されており，最低限の捜索等すべき場所の明示はできているといえるのであり，あとは，いずれがより妥当かということになりますので，以下，記載例１～３についてみてみたいと思います。

(2)　それぞれの記載例の検討

ア　記載例１

記載例１では，捜索すべき場所が「本田Ｃ夫方」となっています。本件家屋は，表札は，本田Ｃ夫になっていますが，本田Ｃ夫は，既に３年前に死亡しているのであり，もはや住民票上の世帯主でもなく，その実体もないのですから，必ずしも適当とはいえないと思います。

イ　記載例２

記載例２では，捜索すべき場所が，被疑者の母親であり，世帯主でもある「佐藤Ｂ子方」となっています。先代の本田Ｃ夫が死亡したことから，住民票上の世帯主が佐藤Ｂ子となっているのですから，佐藤Ｂ子方を捜索すべき場所として表示するのは，住民票上も，また居住状況の実態と合っており，佐藤Ｂ子方で間違いではありません。ただ，捜索すべき家屋の玄関先表札に「本田Ｃ夫」が残っているところが，やや気になるところです。

ウ　記載例３

家屋の玄関先に「本田Ｃ夫」の表札があることを明らかにしつつ，実際に居住している住民票上の世帯主である「佐藤Ｂ子方」として表示しています。この表示であれば，家屋の外観と居住実態の双方が明らかになりますので，捜索すべき場所の記載の明示として大変わかりやすいものとなり，記載例１，２と比べても特に労力を要するものでもなく，最も妥当な明示方法になるのではないかと思います。

⑶　必要な疎明資料

捜索すべき場所として記載例３のように明示をするとなると，次のような疎明資料が必要になるものと思われます。

ア　被疑者である佐藤Ａ男の戸籍及び住民票

当然のことですが，被疑者自身の身上として必要になります。そして，これにより，被疑者と，佐藤Ｂ子，本田Ｃ夫との関係も分かりやすくなります。

イ　本田Ｃ夫の除籍謄本

捜索すべき家屋の玄関先表札にある本田Ｃ夫が既に死亡しており，表札が実態を伴っていないことを確認する必要があります。

ウ　居住実態に関する捜査報告書

佐藤Ｂ子方の外観を写真撮影するなどして，現に表札が「本田Ｃ夫」のままになっていること，佐藤Ｂ子と被疑者が現在もその家屋に居住していることなどについて報告書を作成し疎明資料とします。これにより，表札や家屋の現況，世帯主である佐藤Ｂ子や被疑者が実際に現在も同所に居住していることが確認できます。

2　その2

問題26

被疑者甲が覚醒剤を所持していた覚醒剤取締法違反の事実に関して，被疑者甲の自宅の捜索差押許可状の請求をすることとなった。

甲は，千葉市中央区所在の県営住宅Ａ棟106号室に居住していたが，船橋市内にある一戸建ての実家（母親乙）にも頻繁に帰っていたので，いずれも捜索場所としたい。

このうち，甲の実家乙方の捜索差押許可状の請求に当たり，その捜索場所については，何らの限定をせずに，「乙方」とすべきか，それとも「乙方被疑者使用部分」のみとすべきか，又は「乙方被疑者使用部分及び共用部分」として，「共用部分」も入れるべきか。

結　論

捜索場所については，①管理権者は誰か，②捜索の必要な場所はどこか，の２つの観点から考えて，必要に応じて，被疑者使用部分及び共用部分を付加することになります。

解　説

捜索差押許可状には，捜索すべき場所を記載しなければなりません（刑訴法219条１項）し，捜索差押許可状請求書においても，同じく記載要件とされています（刑訴規則155条１項１号）。

このように，捜索場所の記載が義務づけられている趣旨は，捜索等を受ける場所の管理権を持つ者の権利を保障するところにあります。捜索すべき場所が，捜索差押許可状に明示され，その処分を受ける管理権者等に提示されれば，その受忍すべき場所的範囲を把握することができ，結局，管理権者等の処分を受ける側から見て捜査機関が不当な執行をしないように監視することができ，管理権の保障につながるわけです。

この趣旨を全うするには，そもそも被疑者に管理権がある場所については，その場所を示すのに，被疑者方居室又は単に被疑者方などでも足りますが，管理権が被疑者以外の第三者であったり，又は被疑者と共に管理する者が存在していた場合は，それでは足りません。

本問では，被疑者の実家である母親の乙方であり，被疑者の住居が千葉市内であるところ，乙方は船橋市内と比較的近距離であり，実際に被疑者が乙方に頻繁に帰っていたというのですから，捜索場所としては，差し押さえるべき物の存在する蓋然性は高いと言えます。そして，捜索すべき場所として，乙方の住所として所番地を記載した上，「乙方」とすれば，一応の場所の特定はできていることになります。

問題は，被疑者使用部分や共用部分を付加するかということです。被疑者の母親である乙方は，その構成部分として，被疑者使用部分，乙使用部分，そして共用部分に分けられます。

本問のように，覚醒剤のような薬物事案である場合，親族間で庇いあって協力して隠匿所持していることもありうること，そうでなくても，差し押さえるべき物自体の形状が比較的小さく隠匿しやすい物も多いことから被疑者以外の者に気付かれないまま同人の使用場所に隠匿されているおそれもあることなどから，あえて，被疑者使用部分又は共用部分を付加して限定することなく「乙方」として請求することも考えられます。

ただ，そもそも乙の通報により，被疑者使用部分において，覚醒剤等の薬物や使用器具を乙が発見したことを端緒としており，乙が捜査協力者であり隠匿について通謀のおそれなどおよそ考えられない場合や，乙の通報によりその差し押さえるべき物の所在が判明している場合などは，その内容によって「被疑者使用部分」又は「被疑者使用部分及び共用部分」などと付加して限定するようにして使い分けるべきでしょう。

第９　第三者の捜索場所

１　その１

> 問題27
>
> 被疑者方と第三者方など複数の関係先について一斉捜索差押えをする場合，捜索差押許可状請求に際し，差し押さえるべき物を特定するにあたって留意すべき点は何か。

結　論

差し押さえるべき物について別紙引用をする場合，被疑者方に存在する物と第三者方に存在する物をしっかりと区別する必要があります。

解　説

例えば，覚醒剤の譲渡事案などで，被疑者の携帯電話機を差し押さえる場合であれば，被疑者方だけではなく，被疑者が頻繁に出入りしている愛人方などの第三者方にも，被疑者の携帯電話機が存在していることも考えられるので，第三者方における差し押さえるべき物として「被疑者使用の携帯電話機」を掲げることは特に問題ありません。しかし，被疑者の固定電話機を差し押さえるべき物とする場合に，「被疑者使用の固定電話機及び携帯電話機」と別紙に記載されているものについて，被疑者方に対する請求書のみならず，第三者方の請求書の別紙にも同じように別紙引用するのはおかしいわけです。被疑者使用の固定電話機は，被疑者の自宅に固定して設置されているものでしょうから，これについて，第三者方に存在しているはずがありません。

実際の例として，暴力団組織によるいわゆる麻薬特例法の事件について，暴力団組事務所及び関係先十数か所を一斉に捜索差押えをかけた事例で，次のようなものがありました。

その事件では，暴力団組事務所内に，覚醒剤の売上金を「仕事の金」と称して入れておく金庫の存在が明らかになっていました。その金庫は，ダイヤル式の黒色の金属製で高さ，横幅，奥行きともに30センチメートルあり，土台部分が床に固定されているもので，その組事務所にしか存在していないにもかかわらず，組事務所だけでなく関係先数十か所の全ての差し押さえるべき物に，「（前記特徴を記載した）金庫内の現金」と記載のある別紙が引用されていました。

特に，暴力団による組織的犯罪などでは，組事務所だけでなく，その他の関係先に隠匿されていることなども多く，また共通する証拠も数多く存在するため，差し押さえるべき物を限定することが困難なケースが多いものと思われますが，今，紹介したような事例では，冒頭で示した固定電話機などと同じく，差し押さえるべき物が，まさに，その場所，一か所にしかないということが明らかな物です。そうした物まで全ての捜索場所において，差し押さえるべき物として引用し，そのまま捜索差押許可状が発付されて執行されたとしても，結果として，客観的にも存在していないので，その捜索差押えが違法となるものではありません。しかし，それまでの捜査の結果として，明らかに存在しないと事前にわかるものまで，差し押さえるべき物として全ての捜索場所に引用するのは，漫然と請求していると思われても仕方ありません。

第三者方などの関係先については，刑訴法222条，同法102条２項により，被疑者以外の者の住居その他の場所の捜索については，押収すべき物の存在を認めるに足りる状況のある場合に限り，捜索が認められる旨定められており，場所的要件としては被疑者方よりも厳しくなっています。そのため，第三者方を捜索場所とする場合には，被疑者が同所に頻繁に出入りしているなどの事実を疎明する証拠が必要となってくることから，比較的詳細な報告書が疎明資料として添付されてくるような請求もありますが，特定の差し押さえるべき物についてまで意識が及ばず，特に捜索場所の数が多くなってくると，差し押さえるべき物の別紙について同じものを引用してくるというケースが時々散見されます。しかし，この第三者方の場所的要件は，裏を返せば，本問の問題でもあるわけですので，こうしたところにも十分留意して漫然とした請求にならないようにしなければなりません。

２　その２

問題28

被疑者Ａに対する覚せい剤譲渡被疑事件について，第三者Ｂ及びＣのそれぞれの住居にある覚せい剤及び使用器具等の捜索差押えを求める旨の捜索差押許可状の請求があった。差し押さえるべき物の存在を認めるに足りる状況があることについての疎明資料は，Ｂについては，Ａの元愛人であり，かつてＡと同棲していたことがある，Ｃについては，Ａの友人であり，ＡはＣのところに月に２～３回出入りしている，との捜査報告書があるのみである。

この場合，Ｂ方及びＣ方のそれぞれの住居を捜索差押場所とする捜索差押許可状を発付することはできるか。

結　論

設問の程度の捜査報告書では，Ｂ方及びＣ方のいずれの住居についても，押収すべき物の存在を認めるに足りる状況があるとは認められませんので，Ｂ方及びＣ方に対する捜索差押許可状は発付できません。

理　由

被疑者以外の者の住居その他の場所（以下「第三者の住居等」という。）の捜索については「押収すべき物の存在を認めるに足りる状況のある場合（以下「物の蓋然性」ともいう。）に限り」と定められており（刑訴法222条，同法102条２項），被疑者の住居等よりも，その要件が厳しくなっています。そこで，第三者の住居等に対する捜索令状の請求に当たっては，その点の疎明資料を提供しなければならないことになっています（刑訴規則156条３項）。

このように，被疑者の住居等の捜索よりも，第三者の住居等の捜索の方が，要件が厳しくなっているのは，事件に一番関係している被疑者の住居等であれば，その事件に関する証拠が存在する蓋然性が高いのに対し，第三者の住居等ではそのように言えないので，あえて，物の蓋然性が認められる状況が必要だとしているわけです。

物の蓋然性が認められるためには，その第三者と被疑者との関係，携帯電話等による連絡の頻度，それらの連絡の時期，暴力団などの組織性，明確に共犯者と認められないとしても被疑者と同種前科を有し，本件犯行時に一部でも行動をともにするなどの共犯性などが認められる必要があります。

本問の場合では，ＢはＡの元愛人であり以前に同棲していたことがある者に過ぎないのですから，被疑者との関係は分かりますが，そのままでは，直ちにＢ方に物の蓋然性は認められません。現在もＡと同棲しておりＢ方がＡの生活の本拠になっていれば当然に問題ありませんが，そうでなくとも，Ａが暴力団構成員でありＢが請求時現在においてもその情婦であるとか，ＢにもＡ同様に薬物前科があり，本件被疑事実の発生日時に相前後して頻繁に携帯電話でのやりとりがあるなどの事実関係が欲しいところです。

また，Ｃは，Ｂよりももっと物の蓋然性が希薄になります。ＣがＡの友人であり，Ｃ方にＡの出入りがあるというだけでは物の蓋然性を認めるのは相当に難しいものと思われます。ＣがＡと同じ暴力団に所属する構成員であり，Ａの配下組員であるなどの組織性であるとか，Ｂの場合と同様に共犯性をうかがわせるような携帯電話のやりとりなど他の疎明資料が必要になってくるものと思われますので，これらの諸事実について，報告書を作成するなり，関係者からの供述を得て調書化したものを疎明資料として提出することにより，説得力のある第三者方の捜索差押許可状の請求になるものと思われます。

第10　捜索差押えの必要性

> 問題29
>
> 捜索差押許可状の請求について，これを受けた裁判官は，その必要性について審査をする権限はあるか。

結　論

令状裁判官には，必要性についての審査をする権限があります。

解　説

(1)　必要性の審査権限の有無

かつては，逮捕状や捜索差押許可状の請求に関し，裁判官には，その必要性についての審査権限はないと考えられていたこともありました。その理由としては，①捜査の主体ではない裁判官は強制処分の必要性を判断するのには適していないこと，②強制処分は捜査機関が独立の権限で迅速に行わなければならないこと，③裁判官が捜査機関による強制処分に関し監督責任を負うことは望ましくないことなどが挙げられていました。

通常逮捕状の必要性に関しては，昭和28年の刑訴法改正で，「明らかに逮捕の必要がないと認めるとき」は逮捕状を発付できない旨の規定が追加され（刑訴法199条２項ただし書），裁判官に，通常逮捕状についての必要性の審査権限が明記されましたが，この法改正の際に，捜索差押許可状については，同様の定めがなされなかったため，依然として必要性審査の権限の有無について争いがありました。

その後，最高裁が，差押えの必要性に関して，以下のように判示しました。

「刑訴法218条１項によると，検察官もしくは検察事務官または司法警察職員は，犯罪の捜査をするについて必要があるときに差押をすることができるのであるから，検察官等のした差押に関する処分に対して，同法430条の規定により不服の申立を受けた裁判所は，差押の必要性の有無についても審査することができるものと解するのが相当である。(中略)・・・犯罪の態様，軽重，差押物の証拠としての価値，重要性，差押物が隠匿棄損されるおそれの有無，差押によって受ける被差押者の不利益の程度その他諸般の事情に照らし明らかに差押の必要がないと認められるときにまで，差押を是認しなければならない理由はない（国学院大学映研事件，最三小決昭44.３．18)。」

本決定は，令状裁判官の必要性についての審査権限には触れておらず，準抗告審裁判所の権限について判示したものですが，令状裁判官にも同様の権限があることを認めたものと解されており，現在では，令状裁判官に，捜索差押えについて必要性の審査権限があることは，ほぼ異論はないものと思われます。

ただ，令状裁判官に，必要性の審査権限があるとはいっても，捜索差押えは，捜査の初期段階で行われることが少なくないところ，捜査の主体ではない裁判官が証拠の価値や重要性を判断するには限度があり，また，司法的抑制に過度に重きをおき必要性を強調しすぎると，捜査に支障を来すことになりかねないことなどから，令状裁判官の必要性判断は，逮捕についての必要性判断に準じ，「明らかに捜索差押えの必要がないと認められる」か否かの審査に留まるものとすべきと一般的に考えられています。

(2)　捜査側・請求側の留意点

犯人性立証のために，被疑者方自宅を捜索場所とした上で，本件犯行時に着用していた衣類等を差し押さえるべき物として，捜索差押許可状の請求があることがよくあります。特徴的なロゴやデザインの入った衣類などは，それが犯行時に着用されていることが防犯カメラ等から明らかである場合，その犯人性を立証するという意味では，関連性は明らかであり，非常に重要な証拠となります。

しかし，関連性があり，重要な証拠であるとしても，その証拠が常に必要性の高いものであるとは限りません。例えば，防犯カメラにより，被疑者の顔が撮影されていたり，現場遺留指紋も一致するなどしており，その犯人性をほぼ疑う余地のないような場合にまで，被疑者が本件犯行時に着用していた衣類等（もちろん，具体的な請求においては，単に衣類等ではなく，個々の上衣，靴などとして特定されてはいますが）を差し押さえるべき物とする必要性は必ずしも高いものとは思われません。

このような場合でも，令状裁判官としては，防犯カメラの撮影画像の精粗や遺留指紋の状況等の犯人性にかかる他の代替証拠を総合的に考慮するなどし，直ちに捜索差押許可状の請求について明らかに必要性がないと判断するわけではありませんが，捜索差押許可状の請求に当たっては，犯罪事実の嫌疑との関連性と必要性を混同することなく，こうした観点も踏まえた上で，より慎重で適切な請求を心掛けていただきたいところです。

(3)　審査側の視点

令状裁判官は，捜索差押許可状の請求を受けると，請求書及び一件記録をもとに，請求権者による請求か，請求書が刑訴法や刑訴規則が要求する記載要件を満たしているかなどの適法性審査をするとともに，犯罪事実の嫌疑の存在，捜索場所や目的物の関連性，目的物が存在する蓋然性等の実質審査をします。こうして一件記録をもとに審査をして，請求に理由があると認められる場合，明らかに捜索差押えの必要性がないとは言えないことの方が多いものと思われます。

言い方を変えれば，令状裁判官としては，実質審査の中で，一件記録からみて明らかに必要性がないと思われる場合かどうかを同時並行で審査をしているのであり，通常はそれで足りているということもできます。ですから，令状裁判官が，積極的に必要性の疎明を求めてくるような場合は，相当程度に必要性に疑問を感じている場合だということになります。

例えば，具体的には以下のような請求例がありました。

都内在住の16歳の高校１年生の被疑少年が，不登校中であったところ，同高校の女子更衣室で女子生徒の運動靴が盗まれた事件が発生した当日，被疑少年の同女子更衣室を出入りしている姿が防犯カメラで撮影されていたことなどから，被疑少年方自宅を捜索場所とした上で，被害品である運動靴を差し押さえるべき物として捜索差押許可状の請求があったことがありました。

この請求は，被疑少年が若年であることに加え，事案の軽重等から任意捜査を先行させてもよいと思われたところ，いきなり強制捜査をしようとしていたのですが，その理由について，請求者は，被疑少年が，不登校であり任意捜査に馴染まないというのです。いかに，不登校であろうとも，一件記録からすると，目立った非行歴や粗暴性もなく，教職員等から聴取した被疑少年の性格は，おとなしく面談等の呼出しにも応じていたというのですから，まずは，呼出しを行うなり，捜査員が自宅を訪問して，被疑少年の心情等に配慮しながら事情聴取するなりすべき事案ではないかと考えられました。

以上から，この請求事例については，明らかに捜索差押えの必要性がないと言えるかどうかは別として，少なくとも，事案の軽重，被疑少年の年齢，境遇，家庭環境，性格，被処分者の受ける不利益の程度等を考慮し，より侵害的でない有効な代替手段となりうる任意捜査によるべきと考え，必要性に消極と判断して，請求を撤回してもらいました。

この事案は，令状裁判官として一件記録から必要性に強い疑問を感じたことから，請求者に面接を求めて，その必要性について積極的な疎明を求め，結果として，疎明は必ずしも十分ではないと判断したものです。

なお，後日談としては，結局，被疑少年は，任意の取調べに応じて自供し，被害品については任意提出され，家裁送致後，保護観察処分を受けたと聞いています。当然のことですが，この請求事例のように，少年事件の場合は，必要性判断についてより一層慎重な判断が必要になるものと思います。

第11　ショットガン方式の薬物密輸と再捜索

問題30

近年，覚醒剤等の違法薬物を小分けにした上，同一の海外在住の差出人から日本国内在住の各名宛人に対する荷物を，複数の運搬役に預けた上，同一の航空便に乗り込ませるなどして，それらの小分けした違法薬物を運搬させて税関等での監視をできる限り潜り抜けようとするいわゆるショットガン方式の薬物密輸が増加しているが，このような事案について，捜索差押許可状を請求するに当たり留意すべき点は何か。

結　論

捜索差押えなどの初期の捜査では，運搬役ごとに個別の事件として立件せざるを得ませんが，同一時期，同一機会に，同一差出人からの荷物であることからすると，再捜索等の必要性に留意するべきです。

解　説

(1)　ショットガン方式の違法薬物等の密輸

ショットガン方式の違法薬物等の密輸とは，密売組織の中のリクルーター役が，ＳＮＳ上で「短期で高収入。期間は１週間程度。違法ではなくグレーゾーンなだけ。１回報酬30万円」などと投稿して違法薬物の運搬役を募集し，これに応じてきた複数の者を運搬役として採用し，資金提供役が運搬役らに旅費や報酬を支払い，運搬役らは，海外で小分けにされた薬物を受領し，これをそれぞれが指定された同一の航空便に搭乗して受領した違法薬物を日本国内に持ち込むという形態の密輸の方法です。従来の大量に薬物を密輸する方式に代わって，少量ずつ小分けにして個人に運びこませようとするものであり，こうした密輸方法が，散弾銃になぞらえて「ショットガン方式」と呼ばれるようになりました。この方法によると，個々人の持ち込む薬物の量も減り大量の観光客に紛れるなどして税関等での監視から逃れやすくなること，大量密輸の場合，一旦発覚すると全てが没収されるところ，個々に分散して密輸することにより検挙や没収のリスクも分散されること，運搬役への情報提供を最低限にしている上，運搬役同士の横のつながりがほとんどないため，仮に運搬役の一部が検挙されたとしても，突き上げ捜査が非常に難しく組織性捜査に対する防壁となりうることなどに加え，訪日需要やＬＣＣ（格安航空）の参入がこれに拍車をかけて急増してきたようです。もっとも令和２年に入り，新型コロナウイルスの世界的感染拡大により，今後，さらにまた密輸の態様に変化がみられるかも知れませんが，上記にあげたように，このショットガン方式は，密輸側に相当のメリットがありますので，感染拡大収束後は，再び息を吹き返す可能性は極めて高いものと思われます。

(2)　捜索差押許可状の請求の際の留意点

ショットガン方式で，運搬役Ａ，Ｂ，Ｃが，それぞれフィリピンにおいて，小分けした覚醒剤をスーツケースに隠匿して同一航空便に搭乗し，成田国際空港に到着したという事案で次のようなものがありました。

税関において，Ａ，Ｂのスーツケース内の荷物の中に，不審な物があることに気付き，所有者らの承諾を得て，簡易鑑定をしたところ，覚醒剤であると判明し，税関においてＡ，Ｂを現行犯逮捕しました。身柄はＫ警察に引き渡され，Ａ，Ｂのそれぞれの犯罪事実ごとに，Ａの事実については，Ａ方自宅を，Ｂの事実についてはＢ方自宅を，各捜索場所として，捜索差押許可状が請求・発付され執行されました（A，Bはいずれも単身居住）。その後のA，Bの１勾留満期が近づいたころ，その捜査の途上で，実は，A，Bだけでなく，同一日時の同一便でCもスーツケース内に，同一差出人からの覚醒剤を荷物として持ち込み密輸していたことが発覚しました。そこで，甲検事は，A，Bについて，事案の全容・組織性解明等を理由に勾留延長請求をした上，K警察に対し，Cの逮捕と関係場所の捜索を指揮し，K警察は，これを受けて，Cの事実でCに対する逮捕状に加え，C方自宅の外，関連場所としてA方自宅とB方自宅に対する捜索差押許可状の請求をしました。

ここで再捜索の必要性が問題になります。

新たなCの事実についての捜索とはいえ，A方自宅及びB方自宅については，既に先行する捜査において捜索差押許可状に基づき捜索は執行済み（以下「第１次捜索」という。）です。しかも，A，Bはいずれも被疑者勾留中であり，A方自宅，B方自宅ともに居住者不在で，第１次捜索後は，通常，施錠管理されているでしょうから，家屋内の状況が変更しているとも考えられません。

一般的に，既に捜索済みである場合の再捜索を請求するケースとしては，①第１次捜索時に不十分な捜索であったため目的物が発見できなかったといういわゆるガサ漏れの場合，②第１次捜索を執行した際に，通常では考えられないような巧妙な隠匿をしており目的物が発見できなかったが，被疑者や関係者の新たな供述により目的物の存在が明らかになった場合，③第１次捜索の後に何らかの事情変更があり目的物が存在しうる蓋然性が認められるようになった場合などが考えられます。

捜索はそれ自体が，私生活の自由やプライバシーに対する重大な権利侵害を伴うものですから，第１次捜索が執行済みである場合，再捜索の請求については慎重な姿勢が必要です。

上記①のようないわゆるガサ漏れは，基本的に捜査側の責任によるところが大きいことから，その捜索の際の執行現場の状況，その際の立会人であった被疑者等の指示状況，差し押さえるべき物についての犯罪立証の不可欠性，捜査側のガサ漏れについての帰責性の程度等を十分に考慮して，請求の要否を検討するべきです。

②のような新たな証拠が発見収集されるなどしたことから，再捜索の必要性が出た場合には，それが供述などである場合，その供述が誰によるものか，捜索場所との利害関係の有無及び程度，供述内容の具体性・合理性等から慎重に判断します。

また，③のような第１次捜索後の事情変更が認められる場合，例えば，そもそも捜索場所には被疑者以外の事件に何らかの関係のある親族等が居住している場合，未だ被疑者の身柄が不拘束で出入りが認められたり，近隣住人から被疑者以外の第三者が出入りしている目撃情報を得るなどしている場合が考えられます。

紹介した事例では，①である場合に考慮すべき事情はでていないので何とも言えません。また，捜査の結果，Ｃが新たな被疑者として判明してはいますが，②のようにＡ方及びＢ方のそれぞれの自宅を再捜索するための新たな証拠が発見された事実をうかがうことはできません。③の事情変更についても，Ａ及びＢはいずれも単身居住で，既に逮捕されて身柄拘束が継続しているわけであり，他に第三者の出入り等の特別の事情も認められないことなどからすると，Ｃの事実によるＣ方自宅の捜索差押許可状の請求はできるとして，

Ａ方及びＢ方の自宅の捜索差押許可状の請求は，新たなＣの事実としての関連性はありますが，同一機会，同一態様の事実に関し，第１次捜索が既に執行されているので，このままでは，捜索の必要性は非常に低いと言わざるを得ません。

結局，この事件では，請求者側に，新たな証拠や事情の変更等について釈明を求めましたが，これに応えることはできず，もっぱら関連性についての説明に留まっていたため，Ｃ事実についてのＡ方及びＢ方に対する捜索差押許可状の請求は撤回となりました。

なお，既に，Ａ方又はＢ方において差し押さえられた証拠物について，Ｃの事件についても使う必要があれば，二重押収をすれば足りますので，警察署に保管中の証拠物として差押許可状を請求すればよいわけです。

その際，差し押さえるべき物の特定としては，純粋に，その証拠物の名称や特徴を記載するのみで足りるのであり，保管場所である警察署の住所や名称は必要ありません（問題37（本書123ページ）参照）。

第12　疎明資料の信用性

問題31

指定暴力団の構成員である被疑者Ａが覚せい剤取締法違反で検挙されたが，Ａを逮捕して取り調べていたところ，Ａから，同人が指定暴力団○○組の三次団体である○○組組長Ｂ方を訪れた際，Ｂが拳銃１丁と適合実包をＡに示しながら，回転式拳銃である旨話していたのを聞いたとの供述を得た。

そこで，Ａを情報提供者として，Ｂが自宅において，適合実包とともに拳銃を保管して所持していた事実について詳細を聴取して供述調書を作成した。

このＡの供述をもとに，同組事務所，組長方自宅，組長使用車両，同幹部組員の自宅及び車両，上部組織事務所，その他の関連先について，捜索差押許可状を請求したい。

令状請求に当たり，情報提供者Ａの供述を疎明資料とする場合，その信用性はどのようにして評価されるか。

結　論

情報提供者が身辺の安全のために氏名等の秘匿を希望しているにしても，身分等を明かして実在性を明らかにしているか，提供された情報の内容は合理的かつ具体的な内容か，その情報の確度はどの程度か，その情報提供者による情報で過去に犯罪検挙に資する実績がどの程度あったのか，情報提供者と被疑者との関係，情報提供を受けた状況や警察との関係，供述調書か捜査報告書か，直接目撃したものか伝聞かなどからその信用性が評価されます。

解　説

強制捜査のための令状発付に必要な犯罪の嫌疑の程度は，その令状の種類により異なります。捜索差押許可状の発付に必要な犯罪の嫌疑は，「被疑者が罪を犯したと思料される」程度であり（刑訴規則156条１項），通常逮捕状のように，相当な嫌疑があると認められる程度（以下「嫌疑の相当性」といいます。）までは求められていません。一般的に，捜索差押えの時点では，まだ捜査も初期の段階であり，これから捜査を進めていくということも少なくなく，通常逮捕状の請求の際の嫌疑の相当性までは求められていません。

しかしながら，捜索差押えも強制捜査であり，重大な人権侵害を伴うことには変わりありませんので，その許可状の発付に当たっては慎重な審査が行われます。特に，本問のように，客観証拠が薄く，犯罪の嫌疑の疎明のほとんどがＡの供述証拠によらざるを得ないとなれば，なおのこと慎重な判断にならざるを得ません。そして，その判断の中心は，やはり，情報提供者Ａの供述の信用性ということになります。

そこで，情報提供者Ａの供述の信用性は，いかなる観点から評価されるのかということになりますが，これに関しては，以下のようなものが考えられます。

⑴　情報提供者の氏名等

情報提供者の供述内容の信用性を評価する上で，その実在性が欠かせないことはいうまでもありません。Ａの実在性を確認するには，まず，Ａが自己の氏名等を明らかにしているかどうかです。

ただ，一般的に，捜査機関に知れている捜査協力者などであっても，被疑者との人的関係が深く，時には被疑者の所属する暴力団の構成員等であることもあり，仕返しなどをおそれて，書面上に氏名を出さないでもらいたいとして，疎明資料に氏名等を記載できないこともありますが，このような場合でも，氏名等を明らかにしていないことで直ちに実在性が否定され，信用性が認められないというものではありません。こうした場合，疎明資料においては，情報提供者が誰であるか明らかになりませんので，裁判官において，口頭説明を受けるなどした上で，情報入手の経緯，供述者と被疑者らの関係，供述内容そのものから信用性を評価していくことになります。

(2)　情報提供者と被疑者の人的関係

情報提供者と被疑者との人的関係が，単なる知り合いなのか，愛人なのか，それとも親子や夫婦など家族の関係にあるのか，同じ暴力団に所属する者であるのか，稼働先の上下関係にあるのか，以前からの知人であればその親疎はどうか，被疑者と人的関係や利害得失関係から，その情報が歪められていないかなどを審査します。

(3)　情報提供を受けた経緯，状況や警察との関係

どのような経緯から，またいかなる状況で情報提供を受けたのか，情報提供者と警察はどのような関係にあるのかなどを審査します。

(4)　提供された情報の内容

供述内容の具体性や合理性，直接目撃したものか伝聞か，供述動機はどのようなものか，他の証拠，特に客観証拠と整合しているかなどを審査します。

(5)　その他の判断要素

情報自体は，供述調書として作成されているか，それとも捜査報告書か，情報提供者が従前から情報を提供していた場合，それらの過去の情報の確度はどうであったかなどから，その情報の信用性を判断していくことになります。

ですから，供述調書にしろ，捜査報告書にしろ，上記に示したような諸要素が明確に記載されていると，信用性の評価，判断がしやすいものになります。

令状裁判官と捜査官は，もちろん，立場も役割も違いますが，いずれも証拠に基づいて事実を認定していく作業をしている点では方向性は同じです。ただ，同じ事実の認定作業といっても，証拠の触れ方，証拠と接する質と量，証拠に対する体感が全く異なります。

令状裁判官は，捜査官と異なり，情報提供者に直に当たって聴取するということはしませんし，事実上ほとんどできません。

事件現場に行くこともありませんし，実物の証拠に当たることもほとんどできません。動画の防犯カメラさえ，記録上の静止画像で確認するのが精いっぱいです。

法律上は，令状発付の判断も命令という裁判ですので，その裁判をするに当たり「事実の取調」というのが刑訴法上可能ですが（刑訴法43条３項），令状審査において，そのようなことをすることは実際に非常に困難を伴いますし，実務において皆無と言っても過言ではありません。

ですから，結局，令状裁判官は，書面審査により，その信用性を判断するほかなく，捜査官よりもはるかに実感としての信用性を得難い立場にあります。そこを十分に理解してもらった上で，上記のポイントを押さえて供述調書や報告書等の疎明資料の作成に臨んでもらうことが肝要だと思います。

第13　夜間執行

1　夜間執行にいう日出前・日没後

> 問題32
>
> 刑訴法222条１項，同法116条１項によれば，日出前，日没後には，夜間執行の許可がなければ，捜索差押許可状等の執行のために，人の住居等に入ることはできないと定められているが，日出前，日没後は，何をもっていうのか。

結　論

日出前，日没後は，暦を基準にするというのが一般的な考え方です。

解　説

日出とは，太陽の上端が地平線と重なって昇ってくる瞬間を，日没は，その逆ということになります（明治35年文部省告示第165号）。

この定義を厳密にとらえ，捜索差押えの執行場所において，それぞれの事実が確認されたときをもって，日出日没とするという考え方もあります。しかし，実際の捜索差押えの執行場所において，必ずしも厳密な意味での日出日没を確認できるものではありません。都内のビル群の中や山林内にある家屋を捜索するとき，地平線は確認できませんし，仮に確認できたとしても，大気の状態や眼高差によって，日出日没の時間は異なります。また，人の住居等に対する捜索差押の夜間執行を禁止する趣旨は，その夜間の生活の平穏を保護するところにありますが，日出前又は日没後であっても，薄明といい大気などの影響により数十分の間，空が明るい状態が続きますので，厳密な意味での日出日没をどこまで重視するかは疑問のあるところです。

そこで，厳密な意味での実際の事実としての日出日没でなくても，暦を基準にすればよいということになるわけです。暦を基準とすれば，誰から見ても，どこの場所から見ても，それぞれの場所で一定の時点を日出日没と認識することができますし，実際の日出日没と大きく異なることもないので，夜間執行の原則禁止の趣旨にも反することもありません。

なお，日本では，明治６年１月１日以降，太陽暦であるグレゴリオ暦を使っていますので，暦といえばこれを指しますが，要するに，太陽の動きを基に国立天文台が計算して作ったものです。最近では，インターネット上の国立天文台のサイトなどで，緯度経度の場所情報や日付を入れることで日出と日没の時間を比較的高精度で瞬時に計算してくれるものもあります。

いずれにしても，その執行の着手が，少しでも夜間に及ぶおそれがあるのであれば，夜間執行の請求を求めておいた方が間違いはないでしょう。

2　夜間執行の必要性とその記載

問題33

夜間執行の必要性と請求の実際

(1)　夜間執行を必要とする事由としては，どのようなものが考えられるか，その事由を示すための疎明資料にはどのようなものが必要か。

(2)　夜間執行の許可を請求するに当たって，実際に請求書に記載する場合に留意すべき点は何か。

(3)　立会人の特定について注意すべきことはあるか。

結　論

(1)　事前の捜査の結果，令状執行時の立会人の行動が判然としない，捜査協力者としての立会人（建物の管理人等）の都合が夜間にしかつかないなどの立会人に関する事情のほか，検証の場合などであれば，事件発生が夜間であったため同時刻の検証が必要であるなどの事情が考えられます。

疎明資料としては，被疑者等の立会人の行動確認報告書や夜間執行の必要性に関する報告書などが考えられます。

(2)「捜索の『執行』が夜間に及ぶおそれ」ではなく，「捜索の『着手』（又は『開始』）が夜間に及ぶおそれがある」との事情が実際にあり，そのように記載されていなければなりません。

(3)　被疑者が複数おり，特定の被疑者を立会人とする場合は，被疑者の後に氏名を付して特定する必要があります。

解　説

⑴について

夜間執行を必要とする事情は実に様々なものがありますが，最も多いのは，立会人の事情に関するものです。捜索差押許可状は，原則として処分を受ける者である被疑者等にこれを示さなければなりません（刑訴法222条，同法110条）ので，これらの者が事実上，立会人になることがよくあると思いますし，犯罪捜査規範においても，「捜査上特に必要があるとき」はとの断り書きはあるものの，被疑者その他の関係者の立会を義務づけており（同規範144条１項），執行実務上もほぼ必要とされているものと思います。

夜間執行を必要とする事由としては，立会人となる被疑者又は関係者の行動が判然としないなどのほか，行動確認の結果，捜索すべき場所である被疑者の自宅について，被疑者がほとんど夜間にしか在宅していないことが判明し夜間に執行しなければ，差し押えるべき物が隠匿されたり処分されたり，放置しておくと消失するおそれなどの事情が考えられます。

⑵について

刑訴法222条３項が準用する同法116条２項によれば「日没前に差押状，記録命令付差押状又は捜索状の執行に着手したときは，日没後でも，その処分を継続することができる。」と定められています。ですから，日没前に一旦捜索差押えに着手すれば，日没後も執行継続が可能なので，基本的に日中の請求であれば，捜索の着手又は開始が日没後になるおそれがある場合のみ，夜間執行の許可が必要になるということになります。

また，実務的には，極めて希ですが，深夜に緊急に捜索差押許可状を請求して直ちに執行しなければ証拠の隠匿・散逸が認められるような場合，例えば，先行する被疑者方の捜索差押許可状の執行が夜間に及んでいたところ，その捜索により関係者方自宅について緊急の捜索差押えが必要になり，日出前に関係者方の捜索差押えをしなければ，証拠が散逸し又は隠匿されるおそれがある場合などは，その関係者方に対する捜索差押許可状自体の請求及び執行が夜間になるため，「本日，先行する被疑者○○方について夜間執行により捜索をしていたところ，直ちに関係者○○方を捜索する必要性が判明したが，日出前に捜索を開始しなければ，証拠が隠匿され又は散逸するおそれがある。」などと記載して，夜間請求・夜間執行の緊急性・必要性について具体的事由を示して夜間執行の許可の請求をする必要があります。

(3)について

逮捕状の被疑事実と異なり，捜索差押許可状の犯罪事実は，被疑者が複数いる場合があります。

例えば，被疑者A及び被疑者Bは，共謀の上，・・・とある犯罪事実であって，被疑者Aの自宅の捜索差押許可状に夜間執行の許可を得たい場合，「被疑者立会いの上，捜索差押えを執行したいが，被疑者の行動が判然としないため・・・」では，必要とされている立会人が，被疑者Aなのか，被疑者Bなのかが分かりません。このような場合，「被疑者A立会いの上，捜索差押えを行いたいが，被疑者Aの行動が判然としないため・・・・」などと記載することになります。被疑者の冠を付する者が1人である場合や，その他にも例えば，共犯者は多数いるけれども，被疑者を除き，全員起訴されて被告人になっているときなどは，それらの共犯者は，その犯罪事実について共犯者であっても被疑者ではなくなっており，被疑者は1人だけというのであれば，「被疑者立会いの上・・・・」として，被疑者を氏名で特定する必要はありません。

第14　公判審理中の差押え

1　原則と例外

問題34

いずれも地裁に起訴された被告事件について，次の場合，地裁の受訴裁判所ではなく，簡裁の令状裁判官に対し，捜索差押許可状の請求はできるか。

(1)　犯人性を否認している窃盗被告事件で，防犯カメラに撮影されていた着衣が，被告人の関係者方に隠匿されているとの情報を得たが，その情報を得た時点で，第１回公判は１か月先に指定されていた。上記関係者方の捜索差押えをしたい。

(2)　過失の態様を争う過失運転致死被告事件で，第２回公判を迎え，弁護人から新たな目撃者として証人請求がなされたが，検察官は，同証人が被告人の親しい知人であることや第２回公判に至るまで全く出てこなかった人物であることなどから，証人の採否について意見を留保した。検察官は，本件事故発生からこれまでの間の被告人と証人との口裏合わせなどがなかったかについて調べるため，被告人と証人との通話履歴を差し押さえたい。

(3)　暴力団構成員らによる銃砲刀剣類所持等取締法違反（拳銃加重所持）被告事件について，第３回公判後に，関係先に新たな証拠があることが判明した。関係先の捜索差押えをしたい。

結　論

⑴　第１回公判前なので，簡裁の令状裁判官に捜索差押許可状の請求ができます。

⑵　第１回公判後であり，差押え対象物が通話履歴であり，通常，被告人らによる証拠隠滅のおそれがあるなど特別な事情も認められないので，検察官において証拠調べの一環として受訴裁判所に差押状を求めてその発付を受けるべきです。

⑶　第１回公判後であっても，被告人らが組織性のある暴力団構成員らであり，差押え対象物について証拠隠滅のおそれがあるようであれば，検察官の指揮によるなどし司法警察員等が，令状裁判官に捜索差押許可状の請求をすることができる場合があります。

解　説

被疑者は，公判請求されると，被告人となり，検察官と対等の立場で，弁護人とともに訴訟活動をしていくことになります。そうすると，捜索差押えをはじめとする各種令状請求についても，その必要がある場合には，令状裁判官に対し請求をするのではなく，受訴裁判所に対し，検察官が求めるのが本来の筋ということになります。この場合，捜査段階の捜索差押許可状の請求と異なり，原則として，検察官において，公判審理における証拠調べの一環として，受訴裁判所に対し，捜索差押状（受訴裁判所が発付する令状は，捜索差押許可状ではなく，捜索差押状）の発付を求め，これに対し受訴裁判所は，被告人又は弁護人の意見を聞かなければならず，必要があると認めるのであれば捜索差押状を発付することになります（刑訴法102条，106条）。また，受訴裁判所が発付した捜索差押状の執行の際には，検察官，被告人又は弁護人に立会権が認められています（刑訴法113条１項）。

捜査段階では，捜査の密行性等の要請から，当然のことながら，捜索差押許可状の発付に当たり，令状裁判官が，被疑者や弁護人の意見を聞くことは要件とされていませんし，立会権も認められているものでもありません。

受訴裁判所の捜索差押状の発付又は執行に際し，これらの権利が認められているのは，公判審理においては，被告人は，あくまで検察官と対等の立場にあるということからなのです。したがって，公判審理において証拠調べをしているにかかわらず，公判審理外で，捜査機関が被告人の事件について，令状裁判官に捜索差押許可状を請求するというのは，被告人及び弁護人にとって公判における証拠調べにおいて本来的に認められている攻撃防御方法を行使できないように不意打ち的に証拠収集をしているということになり得るわけです。また，起訴済みであるとしても第１回公判前の場合は，別の考慮も働きます。第１回公判前は，まだ被告人の罪状認否にも至っておらず，証拠調べ手続にも入っていないので，予断排除の原則の観点からして，受訴裁判所が令状審査のために証拠に触れることは好ましくありません（なお，裁判員裁判において，公判前整理手続が相当程度進み，第１回公判後と同視できる状態に至っている場合まで，第１回公判前と同様に考えるのは疑問があるとする見方もあるので，そのような場合は，安易に，令状裁判官に請求することなく，検察官や司法警察員は，いかに対応すべきか慎重に検討する必要があります。）。

いずれにしても，法令上，公判審理中の被告人に対し，捜査機関が，令状裁判官に対し，捜索差押許可状を請求することを明確に制限する定めはありませんが，上記の理由から，第１回公判期日後（被告人の罪状認否を終えて実質的な審理に入った後）は，被告事件に係る捜索差押えは，なるべく受訴裁判所の証拠調べの方法によるべきだと一般的には考えられています。

ただし，これには例外もあり，被告人が，暴力団関係者などで，捜索差押えを事前に察知すれば，組織的な罪証隠滅を図るおそれが高いような事情がある場合は，令状裁判官に対する請求も認められやすくなるともされているので，いずれにしても，被告事件についての捜索差押えについては，公判担当検察官に事前に報告し十分に協議するべきです。公判担当検察官は，これを受け，仮に令状裁判官に請求することを可とし，これを司法警察員に指揮した場合，実務上，検察官において受訴裁判所に連絡をしておく扱いが多いようです。というのも，令状裁判官においても，被告事件について捜索差押許可状の請求があった場合には，事実上，受訴裁判所に連絡することが実務的にも望ましいと思われるところ，受訴裁判所がこれを承知していなければ実効性のある連絡にはなりませんし，なによりも受訴裁判所は，審理を主宰する裁判機関として審理に関る必要な情報を全体としてしっかり把握しておくべきだからです。それらのことは，結局，請求をしようとしている司法警察員において，公判担当検察官にきちんと連絡しているかにかかってくるわけです。

以上を前提に各小問について検討します。

⑴は，第１回公判前であること，捜査情報の筋によっては，第１回公判後に，受訴裁判所が令状発付できるようになってからでは，証拠が散逸し又は証拠隠滅が図られるおそれがあることなどの事情が認められれば，令状裁判官への請求が認められることになります。

⑵は，第１回公判後であること，通話履歴という証拠の性格からして，通信会社等による証拠の隠匿，隠滅，証拠の散逸はおよそ考えら

れないことなどから，原則通り，受訴裁判所に差押状の発付を求めるべきものと考えられます。

(3)は，第１回公判後ではありますが，被告事件や証拠の性質，被告人が暴力団関係者であり，公判手続において，令状請求をすることで，組織的に罪証隠滅を図るおそれが相当程度に高いといった特殊な事情が認められるようであれば，受訴裁判所でなく，令状裁判官への請求もやむを得ないものと思われます。

ただし，受訴裁判所への事前の連絡はしっかりとした上で，これがなされていることを明確にするために，その旨を記載した報告書を作成するなどして疎明資料化して請求時に提出した方がよいでしょう。

2　突き上げ捜査

問題35

多数の被害者がいるいわゆる振り込め詐欺等の特殊詐欺の事案で，既にいくつかの詐欺被告事件で公判請求され，第１回公判が済んで証拠調べの段階に入っている被告人甲がいる場合，これらの被告事件について，他の未検挙又は起訴前の共犯者の突き上げ捜査を行うため，被告人甲を被疑者とし，被告人甲の公訴事実を犯罪事実として，司法警察員が，その公判が係属している裁判所（以下「受訴裁判所」という。）ではなく，その他の地方裁判所又は簡易裁判所の裁判官（以下「令状裁判官」という。）に捜索差押許可状の請求をすることはできるか。

結　論

本問のように，他の共犯者の突き上げ捜査で必要がある場合は，公判審理中の甲を被告人として請求しなくとも，他の共犯者を被疑者として捜索差押許可状を令状裁判官に請求してその発付を得れば，容易にその捜査目的を達することができますので，あえて被告人甲として請求する必要はないものと思われます。

解　説

公判請求された被告人について，特に第１回公判後は，証拠隠滅のおそれなど特別な事情がない限り，受訴裁判所ではない令状裁判官に令状請求することには問題があることは，本章の問題34（本書112ページ）で述べたとおりです。

それはさておき，本問にあるように，特殊詐欺の上部組織にある共犯者の突き上げ捜査のための捜索差押えということであれば，わざわざ被告人甲の被告事件を選択しなくてもいいわけです。

そもそも，捜査機関においても，仮に被告人甲の被告事件について捜索差押えをしたところで，これを被告人甲の公判審理の証拠にしようという意図はなく，専ら他の共犯者の捜査という目的しかないわけですから，その共犯者を被疑者とし，その共犯者に係る事件を被疑事件として，令状裁判官に，捜索差押許可状の請求をしてその発付を得れば，容易に捜査目的を達することができます。なお，共犯者が被疑者不詳であれば，被疑者不詳として捜索差押許可状を請求すればよいわけです（問題15（本書47ページ）参照）。

この場合，犯罪事実の記載においても，被告人となった者は，被疑者としてではなく，被疑者の冠をしない共犯者として氏名を記載し，犯罪事実においても，被告人を当該令状の被疑者として強制処分をする趣旨ではないことを明らかにしますが，その詳細と，捜査報告書の工夫については，問題38（本書131ページ）を参照してください。

第15　家裁送致後の少年事件の捜索差押え

問題36

高校１年生のＡが，Ｖ方に侵入して金品を盗んだという住居侵入窃盗の少年事件で逮捕・送検され，検察官が所要の捜査を遂げて，Ａの身柄とともに事件を家裁に送致した。Ａは家裁送致された後，同級生のＢの自宅に，被害品や犯行に使ったバールなどを隠していることを供述した。

Ａの供述を基に，Ｂ方に対する捜索差押許可状の請求はできるか。

結　論

家庭裁判所が，事実調査のため，捜査機関に対し，Ｂ方の捜索差押えをするように求めるなどしているときは，捜索差押許可状の請求ができます。

理　由

少年事件の家裁送致は，検察官が事件捜査を終えた後の終局処分の一つであり，成人事件について公判請求をするなどした場合に地方裁判所等の受訴裁判所に公判事件として係属するのと同じように，少年事件の場合は，家裁送致されると，その事件は家庭裁判所に係属することとなります。

そこで，家裁送致を成人事件と全く同じように考えると，捜査機関による捜査権限が一切なくなりそうですが，そのようなことはありません。最高裁平成２年10月24日の決定によれば，「捜査機関は，少年事件を家庭裁判所に送致した後においても補充捜査をすることができ，家庭裁判所は，事実調査のため，捜査機関に対し，その捜査権限の発動を促し，又は少年法16条の規定に基づいて補充捜査を求めることができると解すべきである。」としています。本問では，少年Ａは，家裁送致後に，はじめて，Ｂ方に被害品や犯行に供したバールを隠匿していることを供述していることから，家庭裁判所において，事実調査のため，Ｂ方の捜索差押えをする必要性が高いと判断し，これを捜査機関に促すなどしているのであれば，これにより捜査機関は，Ｂ方に対する捜索差押許可状の請求をすることができるということになります。

これにより，その請求を受けた裁判官は，令状審査において，補充捜査が必要になった事情等を確認した上で，その発付の可否を決することになります。

なお，当然のことですが，家庭裁判所において，少年Ａに対し，すでに保護処分が宣告されるなどして少年事件として終局している場合は，もう捜査の必要がなくなりますので，強制捜査はできないことになります。

この場合，少年Ａではなく，Ｂなどが共犯者として絡んでいるようであれば，Ｂを被疑少年としてあらためて令状請求することになります。

第16　医師が採取した尿の差押え

問題37

Ａが，都内某所において，深夜，上半身裸で徘徊していたところを発見した警視庁Ｋ署甲巡査が，Ａに職務質問をしたところ，Ａは「蛇に殺される。お前も死ぬぞ。」などと意味不明な言動をして暴れ出したことからＡを保護した。保護継続中に，精神障害者手帳を所持していることがわかり，保健所に対し，精神保健及び精神障害者福祉に関する法律23条に基づく通報をした結果，Ａは，措置入院となった。入院先のＸ病院において，治療目的でＡの尿を検査するため，Ａを昏睡状態にさせた上，カテーテルでＡの尿を採取したところ，Ａの尿から覚醒剤の反応が出た。Ｘ病院は，検査終了後，Ａの尿を病院内の冷蔵庫に保管した上，Ｋ署にその旨連絡をした。警察は，Ｘ病院に保管中のＡの尿について差押許可状の発付を得て差し押さえた。

⑴　上記一連の手続は適法か。

⑵　このような場合，尿の差押許可状の請求に当たって留意すべきことは何か。

結　論

⑴　適法であり，差し押さえたＡの尿の証拠能力は認められます。

⑵　差し押さえるべき尿の特定方法に留意した方がよいでしょう。

解　説

⑴　手続の適法性について

本問では，Ａの承諾なく，医師が治療目的でＡの尿を採取するために，Ａを昏睡状態にさせた上で，尿を採取していることなどから，このような経過をたどって採取された尿を差し押さえることができるのかが問題となります。

本問では，Aは，まず警職法3条1項により保護されています。Aは，職務質問に対し，意味不明な言動をした上，暴れ出したのですから，自傷他害のおそれが認められましたし，後に精神障害者手帳が発見されるなどし，自傷他害のおそれが精神障害に基づくものであることが濃厚となったのですから，保護をした警察官らは，精神保健及び精神障害者福祉に関する法律第23条に基づく通報（警察官が，精神障害による自傷他害のおそれのある者を発見したときの保健所長を経た都道府県知事への通報，以下「23条通報」という。）をしなければならない状況にあったことが認められるので，この23条通報は適法であったと言えます。

また，23条通報の結果，Aが措置入院となったことにも特に問題はなく，その入院先で，X病院の医師が，治療目的でAの尿を検査するために採尿するに当たり，Aを昏睡状態にさせたことも，Aに自傷他害のおそれがあった状況下においてはやむを得ない処置であったと考えられます。

その後，X病院は，Aの尿から覚醒剤の反応が出たことから，警察に通報しているわけであり，以上の一連の経緯に基づき，Aの尿について，差押許可状の発付を得て，これを差し押えることは適法であるということができます。

本問のように，治療目的で検査のために採尿された尿を捜査機関において差し押さえたという経緯がある場合，尿への異物の混入や尿の取り違え，つまり尿の同一性について争点になることもあるので，尿についての具体的な採尿保管状況や他の患者の尿との取り違えがなかったことなどを採尿に関わった医師等から聴取して報告書を作るなり，病院側から答申書を提出してもらうなりして明確にしておいた方がいいでしょう。

⑵　差押許可状の請求にあたって留意すべき点

差押許可状請求書の「差し押さえるべき物」欄の記載として，よく見かけるのは，病院所在地，病院名，病院内の被疑者の尿の保管場所，被疑者（氏名・生年月日）の尿（量）の全てを記載しているもので，例えば，次のような記載です。

> 差し押さえるべき物
> 　東京都千代田区霞が関○丁目○番○号
> 　　○○総合病院５階検査室の保管庫に保管された
> 　　被疑者○○○○（昭和○年○月○日生）の尿（約30ml）

上記のような記載例であっても，差し押さえるべき物として，内容が正確であれば，記載の仕方としては，法令上，特に問題はありません。

しかし，実務的には，いくつかの不都合を生じる場合があります。

一つは，病院所在地を示す記載です。

そもそも，差押許可状ですから，差し押さえるべき物が特定されていればよく，それがどこに所在するのかを示すことは必要ありません。それでも，所在場所が特定要素の一つになり得ないこともないので，病院所在地が記載されていること自体，余事記載というほどまでに不要なものではありません。ただ，この場合，記載されている以上，令状審査の対象となるので，その所在を示す疎明資料が不可欠となりますが，この疎明資料が付いていない場合が少なくありません。また，これは病院保管の尿の問題ではありませんが，警察署等で保管している物を二重押収するような場合，差し押さえるべき物の所在について警察署の所在地が所番地まで記載してあって，その疎明資料がないということはよくあります。捜査側にとって明らかな事実でも裁判所には分かりませんし，1件，1件の請求について，記載内容の隅から隅まで疎明資料が必要になることを改めて再認識していただく必要があります。

もう一つは，保管場所を示す記載です。

これも病院所在地の記載の問題意識と重なるところがありますが，これに加え，保管されている被疑者の尿が，移動可能な物であるということから支障が生じる場合があるということがあります。同じ病院内で採尿された尿が，別の病院に移動するということはまず考えられませんが，同じ病院内で，病院側の都合により保管場所が変更になるなどすることはあり得ます。実際にあった例としては，被疑者の尿について，A病院の1号室保管庫に保管中であったにもかかわらず，病院側の記録データに2号室保管庫に保管中として入力されていたことから，その誤ったデータに基づき，警察に連絡が入り，警察は，差し押さえるべき物として，「○○所在の○○病院2号室保管庫に保管中の被疑者○○の尿」と記載して差押許可状を請求し，その発付を受けて，保管場所が異なることから執行不能になり，再請求となった事例がありました。また，病院側との事前協議の後に，病院側の都合により尿の保管場所が変更され，その連絡が警察にないまま令状の執行に至り，執行不能となるというような事態もありました。保管場所も病院所在地の記載と同様に，特定要素の一部にはなり得ますが，記載の必要なく，紹介したような事例であれば，むしろ有害な記載となり得ます。

いずれにしても，病院所在地や保管場所などを記載すること自体，誤りではありませんが，前述したとおり必ずしも必要でないばかりでなく，請求書を起案する上でも，これを審査するにしても不要な時間と労力を消費することになります。１件や２件であれば大したことはありませんが，これが数十件となれば話は別です。そこでまた一つ一つ疎明資料が不十分であるなどして指摘や説明，疎明資料の補充が必要となることなどを考えると，その起案や審査にかかる時間は馬鹿にはできません。そうであるならば，最初から，差し押さえるべき物の所在など記載不要としても良いのではないかと思います。

結局，差し押さえるべき物の特定としては，被疑者氏名，生年月日，尿量で十分であるところ，被疑者が複数おらず，許可状の請求書に被疑者氏名，生年月日（年齢）が記載されて特定されているのであれば，差し押さえるべき物欄の記載としては，「被疑者の尿」とするだけで足りるとすることも考えられるところです。

この点，病院に保管されている被疑者の尿は，特定の容器に入っており，その容器のラベルに被疑者氏名，生年月日，採尿日などが記載されているでしょうから，実際の差し押さえるべき物を判別する上でも特に問題はないものと思われます。

そうすると，具体的な記載例は，次のようになります。

差し押さえるべき物
○○総合病院に保管中の（※１）
　被疑者○○○○（昭和○年○月○日）生（※２）の尿（30ml）（※３）

※１　所在地や保管場所の詳細は別として，病院名程度は入っていても，疎明資料としても１件記録から比較的容易に見出すことができるので，問題は少ない反面，物の所在が特定要素の一部となり得ますので，必ずしも必要ではないものの，記載があっても支障はないものと思います。

※２　令状請求書と令状本体から被疑者が特定されているのであれば，重ねて氏名，生年月日までは必ずしも必要ありません。

※３　被疑者の採尿回数が複数回あるなどして尿量による特定などで必要がある場合以外は必ずしも必要はありません。

　この場合は，むしろ，当該尿の入った容器の形状，採尿日時の異同によって区別して特定する必要がある場合もあります。

第17　被疑者多数・犯罪事実多数

問題38

捜索差押許可状請求書に記載すべき犯罪事実においては，逮捕状請求書の被疑事実と異なり，捜査中の共同正犯の全てが被疑者と扱われるが，それぞれの被疑者の捜査状況により，被疑者の冠をするか否かが変わってくる。例えば,「被疑者Ａ及び同Ｂが，共謀の上・・・」とある犯罪事実に関し，Ｂの捜査が先行して，ＡよりもＡよりも先に公判請求されたとなると，Ｂは，上記犯罪事実においては，被疑者ではなくなるので「被疑者Ａは，Ｂと共謀の上」となる。被疑者が多数あり犯罪事実も多数に及ぶような特殊詐欺等の場合，各被疑者が各事実ごとに，捜査状況等が異なるなど増々もって輻輳し，請求側においても，犯罪事実の起案に混乱を来たしやすくなり，審査側においても審査に相当の困難を伴うことがある。

このような場合，添付する疎明資料としていかなる工夫が考えられるか。

結　論

例えば，捜査報告書の一種として，縦枠を被疑者欄，横枠を犯罪事実欄として，それぞれの捜査公判状況を記載した「被疑者・犯罪事実に係る捜査公判状況一覧表」のようなものを作成するということが考えられます。

解　説

次の一覧表を見てください。

「被疑者・犯罪事実に係る捜査公判状況一覧表」（H：平成，R：令和）

被疑者(共犯)	第１事実	第２事実	第３事実
被疑者Ａ	未検挙（逮捕状発付）	未検挙	未検挙（逮捕状発付）
被疑者Ｂ	未検挙	未検挙	R2.1.15処分保留釈放
被疑者Ｃ	勾留中	勾留中	R2.1.20起訴済
被疑者Ｄ	R2.1.1起訴済	勾留中	勾留中
被疑者Ｅ１	R2.2.2不起訴（猶予）	—	—
被疑者Ｅ２	R2.2.2不起訴（嫌不）	勾留中	勾留中
被疑者Ｆ	R1.9.1控訴中	—	—
被疑者Ｇ	R2.1.1処分保留釈放	未検挙	未検挙
被疑者Ｈ	R2.3.10有罪判決確定	勾留中	—

（第１事実：H31．４．20発生，被害者Ｖ１のカードすり替え窃盗事件）

（第２事実：H31．３．15発生，被害者Ｖ２の還付金詐欺事件）

（第３事実：H31．２．10発生，被害者Ｖ３の還付金詐欺事件）

この一覧表は，Ａ～Ｈの９名のいわゆる特殊詐欺グループの事件（第１事件のカードすり替え窃盗事件は，被害者にクレジットカードを封筒に入れさせて，隙をみてポイントカードと差し替えるいわゆる詐欺盗事案）であり，それぞれの捜査公判状況や身柄の状況が異なります。

これらの事件のうち，例えば，第１事実に関し，被疑者Ａの自宅について，捜索差押許可状を請求する場合，これに添付すべき犯罪事実について考えてみましょう。

この犯罪事実について，被疑者の冠をする者は，被疑者Ａ，Ｂ，Ｃ，Ｇであり，Ｄ，Ｅ１，Ｆ，Ｈは被疑者の冠をしない共犯者となり，Ｅ２は犯罪事実から姿を消します。以下に少し詳しく見ていきます。

いずれも第１事実についてですが，Ａが逮捕状発付済の未検挙であること，Ｂが逮捕状発付を受けずに未検挙であること，Ｃが勾留中であることから，被疑者であることは間違いありません。Ｇは，一旦身柄になって処分保留で釈放されていますが，これは勾留が解かれただけであり在宅の被疑者と同じ扱いとなるので，やはり被疑者ということになります。

Ｅ１とＥ２はいずれも不起訴ですが，不起訴理由が異なるので，扱いが異なります。Ｅ１は同じ不起訴でも起訴猶予です。起訴猶予というのは，被疑者が第１事実を犯した事実は認められるものの，被疑者に有利な情状を考慮して起訴を猶予した処分です。起訴猶予は終局処分ですので，被疑者ではなくなりますが，共犯関係にあった者としての事実は残るので，被疑者の冠をしない共犯者ということになります。他方で，Ｅ２は，嫌疑不十分で不起訴となっています。嫌疑を認めるための証拠が足りなかったため不起訴処分ということになったのであり，そもそも第１事実を敢行した者とは認められないということになり，第１事実の共犯者としては姿を消すことになるわけです。

Ｄ，Ｆについては，第１審か控訴審かは別として，いずれにしても公訴は提起されているので，第１事実にかかわった共犯者ではありますが，立場は被告人であり，既に被疑者ではありませんので，被疑者の冠をしない共犯者として記載することになります。

また，Ｈは，第１事実について判決が確定していますので，この判決の内容が，実刑判決であれば受刑中ということになりますし，執行猶予であったとしても，既に被疑者ではありません。ただし，Ｈが第１事実の共犯者であった事実は変わらないので，被疑者の冠をしない共犯者として記載することとなります。

そこで，第１事実についての捜索差押許可状請求書の被疑者欄は，

> 1　被疑者氏名
> 　　A　　　　　　　昭和○年○月○日（○歳）ほか３名

> 被疑者Ａを除く，被疑者Ｂ，同Ｃ，同Ｇを示している。

となります。

なお，第１事実と第２事実を併合罪として令状請求しているような場合，いずれかの事実について関与していない被疑者も出てくることがあります。前記一覧表でみると，被疑者Ｅ２は，第１事実では，嫌疑不十分で被疑者となりませんが，第２事実では，勾留中であり，被疑者の冠をする者になります。そうすると，どの事実を基準に，被疑者欄の人数を記載するかということになりますが，その場合は，両事実に関与している被疑者は１人と数え，いずれかの事実にしか関与していない被疑者は，それ自体で１人と数えて被疑者数に加えて記載すればよいと考えられます。

そして，これを，第１事実の犯罪事実の要旨の記載でみると，

> 被疑者Ａ，同Ｂ，同Ｃ，同Ｇは，Ｄ，Ｅ１，Ｆ，Ｈと共謀の上，令和元年４月20日午後○時○分ころ，○○において・・・・

となります。

このように，第１事実では令状請求時に被疑者として生きている者は，Ａ，Ｂ，Ｃ，Ｇであり，それらの者は，全て被疑者の冠を付することになりますが，嫌疑不十分で不起訴になったＥ２を除き，それ以外のＤ，Ｅ１，Ｆ，Ｈは，令状請求時には，捜査対象としての被疑者

ではなくなったものの，過去の客観的な事実関係においては共犯者であったので，被疑者の冠を付さない共犯者として分けて記載する必要があるのです。

ですから，複数の共犯者がいる多数の被疑事実について犯罪事実を起案する際に，どの犯罪事実についてどの共犯者がいかなる立場で関与しているかを整理し一目瞭然で分かるようにするために，被疑者・犯罪事実に係る捜査公判状況一覧表はとても有用な疎明資料となりうるわけです。

なお，このように，被疑者と被告人を区別するのは，令状本体の氏名欄の記載や請求書の犯罪事実の要旨の記載における形式面だけの問題ではありません。被告人に対する令状は，原則として受訴裁判所において発付すべきものであり，被疑者と同列に扱うことはできません。

令状本体や請求書において，被疑者が誰であるかを書き分けることによって，この令状は，被告人たる共犯者についての強制捜査のためのものではないことを明らかにすることができるのであり，重要な記載分けであるということができます。

第18　自動車及び車内の一括捜索差押え

> 問題39
>
> 自動車の差押えと同自動車の車両内の捜索差押えを１通の捜索差押許可状請求書で請求することはできるか。
>
> その場合，発付すべき令状も１通でよいか。

結　論

請求も発付も１通で可能です。

理　由

憲法35条２項は差押等について，「各別の令状」を要求しています。

これは，捜索すべき場所，押収すべき物件は，できる限り個別的かつ具体的に表示し，裁判官の審査を十全ならしめて，無差別な包括的な，一般令状による恣意的な執行をさせないためです。

したがって，請求書の記載内容から，裁判官の審査が十分に及んで，そうしたおそれがない請求であれば，自動車の差押えと同車内の物の捜索差押えの令状請求書は１通で可能ですし，令状そのものも必ずしも各別の令状でなくても構わないわけです。

なお，本問とは，やや異なりますが，判例でも，捜索と押収の各別の令状の趣旨について，各別の許可が記載されていれば足り，捜索と差押えを一通の令状に記載することは差し支えないとしており（最判大昭27．３．19），現に，今や捜査実務においては，捜索差押許可状が１通であるのは当たり前になっていますが，判旨からして，本問も同様に考えることができると思います。

具体的な記載としては

①　記載例１（捜索すべき場所を自動車として，同自動車及び同車両

内の物件を差し押さえる捜索差押許可状請求書の場合

2　差し押さえるべき物 　自家用普通乗用自動車（登録番号　品川541つ○○○○），覚醒剤吸引具，覚醒剤取引メモ，携帯電話機，私製電話帳，・・・

3　捜索し又は検証すべき場所，身体若しくは物 自家用普通乗用自動車（登録番号　品川541つ○○○○）

②　記載例2（捜索すべき場所を自動車が駐車している共同駐車場及び同自動車として，同自動車及び同車両内の物件を差し押さえる捜索差押許可状請求書の場合）

2　差し押さえるべき物 　自家用普通乗用自動車（登録番号　品川541つ○○○○），覚醒剤吸引具，覚醒剤取引メモ，携帯電話機，私製電話帳，・・・

3　捜索し又は検証すべき場所，身体若しくは物 　東京都中央区中央○丁目○番○号○○共同駐車場及び同駐車場に駐車中の自家用普通乗用自動車（登録番号　品川541つ○○○○）

などが考えられます。

記載例1は，捜索すべき自動車が，イコール差し押さえるべき物となっている点にやや不自然さがありますが，実務的にはよくあるパターンです。

記載例1による場合でも，駐車場の管理者が自動車のそれと異なる場合は，別途，駐車場の捜索許可状が必要になる場合があります。なお，共同駐車場の捜索許可状の請求で，捜索すべき場所について，目的の自動車の駐車枠の番号まで記載する例がありますが，その記載ですと，当該駐車枠に到達する以前の共同駐車場内は捜索のための立ち入りができないことになりますので，注意が必要です。

また，記載例２による場合で，捜索すべき場所を共同駐車場とのみしていた請求例がありましたが，それだと自動車内の捜索はできませんし，共同駐車場に駐車中の自動車とすると，共同駐車場の捜索ができない場合があります。捜索すべき場所は，あくまで記載例２のように共同駐車場及び自動車として，２か所あることを明記しなければなりません。

いずれの記載でも，１通の捜索差押許可状請求書で足り，令状としても１通の捜索差押許可状での発付が可能です。

第19　逮捕状の被疑事実と異なる犯罪事実

問題40

日本に居住する韓国人コミュニティの中で，韓国人同士で高金利の金銭の貸し付けをしているとして，韓国籍の被疑者Ａに対し，出資法５条１項後段の「単純貸付」を被疑事実とする逮捕状を請求するとともに，逮捕状の被疑事実と同じ日時場所，同じ犯行態様，同じ被害者の事実でありながら，Ａの事務所及びＡ方自宅に対する捜索差押許可状の犯罪事実は，出資法５条３項の「業としての貸付け」として請求した。

このように，ほぼ同一の生の事実について，異なる令状の請求で，「単純貸付」とするものと，「業としての貸付け」とするものとして，それぞれ請求することはできるか。

結　論

逮捕状と捜索差押許可状で事実が異なること自体，請求を違法ならしめるものではありませんし，実際にあった請求では，そのまま認められたものもありますが，妥当かどうかは検討する余地がありそうです。

解　説

(1)　本問の請求から発付までの事実経過

逮捕状の被疑事実と捜索差押許可状の犯罪事実が異なることについての理由は以下のとおりでした。

警察が，令状請求前に，検事相談にいったところ，検事は，被疑者Ａを「単純貸付」の被疑事実で逮捕するように捜査指揮してきたのですが，警察としては，被疑者Ａが多数の韓国人に貸し付けを行っている事実を把握し，その疎明資料も十分にあると思っていたので，逮捕状も捜索差押許可状の請求も，当然に「業としての貸付け」で事実を立てることになると考えていたのです。ところが，検事は，利息も含めて借金を完済した韓国人が１人しかいないので「単純貸付」で逮捕状をとるという考え方をとってその態度を変えなかったことから，仕方なく，逮捕状の請求の被疑事実を「単純貸付」としたのですが，捜索差押許可状の犯罪事実については，警察の判断で「業としての貸付け」で立てたということだったのです。

令状請求に添付されていた疎明資料をみると，借金を完済しという被害者の韓国人の司法警察員の調書からも多数の借受人がいることが窺えました。また，貸し付けを受けている多数の者がいることを示す被疑者Aの手帳やカレンダー，ＳＮＳなどのほかの資料を見ても「業としての貸付け」での認定も可能かと思われましたが，敢えて検事から捜査指揮を受けて，これに基づいて令状請求してきているのですし，令状審査において，通常逮捕状請求書の被疑事実を請求以上に広げて訂正させるというのも適当ではないと考えられたので，逮捕状と捜索差押許可状で事実は異なるものの，そのまま発付となりました。

(2)　本問の検討

被疑事実と犯罪事実が異なっても，それ自体違法ということはありませんが，そもそも生の事実は，日時場所，犯行態様，被害者ともに同じであるのに，「単純貸付」と「業としての貸付け」という違う事実の令状自体が不自然ですし，それらの令状を示された被疑者としても，理解が難しいということにもなりかねず，これにより令状の執行の現場が混乱するということにもなりかねません。

ここは，検事が「単純貸付」で逮捕状を請求するように捜査指揮があった以上，検事には検事なりに証拠構造からみた，あるいは捜査戦略からみて，最も適切な選択肢として選んだ理由があるのでしょうし，それをもとに捜査計画を練っているのでしょうから，捜索差押許可状も同じ事実でいくのが妥当だったのではないかと思います。警察において，検事指揮がどうしても納得できないというのであれば，検事を納得させられるだけのしっかりした証拠を揃え，合理的に説明して説得するべきであり，それができないというなら，やはり検事指揮にしたがって，事実を合わせるのが妥当だったのではないかと思います。

第20　捜索差押許可状の数通発付の可否

> 問題41
>
> 食料品関連の通販会社に対し，ＳＮＳ上で偽計業務妨害が敢行された事件に関し，容疑者としてＡ，Ｂが浮上してきた。しかし，どちらも逮捕できるまでの嫌疑はまだ認められず，Ａ，Ｂはいずれも定住しておらず，それぞれ普通乗用自動車内で寝泊まりし，別々に移動して生活していた。また，Ａ名義の携帯電話機は２台あり，１台はＡが，もう１台はＢが使用しているところ，それらの携帯電話機の位置探査によれば，１台は東京都内に，もう１台は埼玉県内に所在していることが判明しているが，Ａ，Ｂがいずれの携帯電話機を使用しているかは不明である。
>
> そこで，Ａ，Ｂの各車両及び各着衣所持品について，捜索して，本件偽計業務妨害に使用されたパソコン，タブレット端末，スマートホン等の電子情報機器を差し押えたい。
>
> これらの捜索差押許可状について，Ａ，Ｂそれぞれについて，東京都内と埼玉県内の執行用に各２通ずつの数通発付は認められるか。

結　論

本問のような場合，認められる場合があります。

ただし，捜索差押許可状の数通発付の可否については，消極・積極の両説があり，未だ定説をみておらず，実際に請求しようとする場合，慎重な検討が必要となります。

解　説

(1)　問題の所在と考え方

住居や会社事務所等に対する捜索差押えの場合，その場所自体が移動して所在不明になるなどのおそれはありませんから，捜索差押許可状の数通発付を請求する必要はなく，１通で足りるはずです。

しかしながら，本問のように，捜索すべき場所が，人の身体や自動車等であり，その場所自体が転々と移動するものである場合には，その捜索差押えの執行時に，捜索すべき場所としての人の身体や車両とともに関係箇所を一斉捜索する必要があるときや，人や車両と遭遇したときにその場で直ちに捜索差押えに着手できるよう備えたいときなどに，逮捕状と同様に数通発付を受けていないと，その執行に支障が生じる場合があります。

これに関し，消極説は，刑訴法等に捜索差押許可状の数通発付を認めた明文の規定がないこと，職務質問に伴う所持品検査・逮捕に伴う捜索差押え・捜索現場に所在する人などに対する捜索等の代替手段があること，令状の発付通数は１通が原則であるところ，数通発付による再執行等の濫用の弊害があることなどの理由から，捜索差押許可状の数通発付は認められないとしています。

確かに，捜索差押許可状には逮捕状と異なり，数通発付について定めた刑訴規則146条のような規定は存在しませんが，逆に，これを禁止する明文の規定もありません。また，捜索差押許可状の請求については，これが１通であっても数通であっても，犯罪の嫌疑の存在，捜索場所の関連性，差し押さえるべき物の存在の蓋然性，令状自体の必要性等を裁判官が審査することに変わりなく，これに加えて，数通発付の必要性等についても審査を経るのであること，数通発付されたとしても，同一捜索場所について１回執行すれば，他の令状は失効するのであり，仮に濫用的執行があったとしても，捜索差押調書や被処分者からの聴取等により事後的なチェックも可能であり，場合によっては準抗告等による救済手段もあること，消極説がいうような代替手段が常にとれるということはないこと，証拠物の破壊や消滅等の緊急事態に備えるため予め令状を数通用意する捜査上の必要性がある場合もあることなどから，捜索差押許可状の数通発付について，その必要性がある場合は，認められてもよいのではないかと思います。

(2) 本問へのあてはめ

そこで，本問について検討しますと，A，Bは，いずれも定住しておらず，別々の車両内で寝泊まりして東京都内又は埼玉県内で移動して生活していること，A名義の２台の携帯電話機の位置探査により，それぞれの所在は判明しているものの，A，Bいずれが，どの携帯電話機を使用しているか判明していないことから，捜索差押許可状の請求時に，予め，A，Bの各所在を把握し難いこと，差し押さえるべき物であるパソコンやタブレット端末等は罪証隠滅が比較的容易であり，A，Bについて一挙に捜索差押えを執行しなければ，証拠物の破壊等がなされるおそれが高いこと，逮捕できるほどの嫌疑が認められないことから，逮捕に伴う捜索差押え等の代替手段も取れないことなどからすると，A，Bのそれぞれの着衣所持品，車両について，東京都内と埼玉県内のそれぞれの執行用に各２通ずつの捜索差押許可状の発付が認められることもあり得るものと考えます。

(3) 数通発付の請求及び発付の手続

数通発付の場合の請求及び発付の手続については，逮捕状の場合と同様に考えるべきでしょう。逮捕状の場合，数通必要なときには，請求書にその旨及び事由を記載することになっています（刑訴規則142条１項７号）。捜索差押許可状請求書にはそのような欄がありませんので，請求者の口頭による請求でよいとする考え方もあるようですが，やはり逮捕状の数通発付の請求に準じて，請求書に明示して記載するのが妥当だと思います。また，それを認める疎明資料としての数通発付の必要性の報告書も作成して請求時に他の疎明資料と一緒に提出するべきでしょう。

また，発付された数通の捜索差押許可状は，いずれも原本であって，それぞれ独立に捜索差押許可状としての効力を持つものであり，そのうちの１通によって執行が完了したら，他の許可状は失効します。失効した許可状は，有効期間満了前であっても直ちにこれを発付した裁判所に返還しなければなりません。

なお，本問と直接関係ありませんが，この場合，Ａ，Ｂの各車両は，寝泊りに使用されている状況等から，たとえ車両であっても，その執行の着手が夜間に及ぶおそれがある場合は，夜間執行の請求が必要になることがありますので，その点も検討しておいた方がよいものと思われます。

本問では，捜索差押許可状の数通発付について，発付を許容できるわりとレアケースを想定して積極で結論を出しています。

しかしながら，消極説にいう濫用的執行の弊害等のおそれについても理由がないとはいえません。捜査側としては，安易に数通発付を請求することなく，十分な捜査を遂げて，その所在を把握するなどして，できる限り１通の発付で間に合うようにすべきです。

第21　令状発付前の車両の移動

問題42

A巡査部長とB巡査が，警ら用無線自動車で，パトロールをしていたところ，助手席側ドアを大きく凹損していたセダン型の普通乗用自動車が公道上に停車しているのを発見したため，Aは，運転席に乗車していた甲に対し，職務質問を開始した。Aは，甲の視点が定まっていないこと，呂律が回らない質問応答状況などから，甲に対し薬物中毒の疑いを抱き，所持品検査などの協力を求めつつ，本署に対し応援要請の連絡をした。甲は，Aの求めに応じて，運転席ドアを開け降車したものの，いきなり上着の胸ポケットから覚醒剤様の粉末の入ったビニール袋を取り出して路面に投げつけ，そのまま逃走し，AとBは甲を追いかけたが失尾した。その後，応援警察官らが現場に臨場したが，甲の車両は，運転席ドアが開いたままの状態で放置されていたため，同車両が盗難されるおそれもあると判断し警察署まで移動した。

その後，同車両内の捜索差押許可状の請求をした。同車両を移動させたことについて問題はないか。

結　論

差押許可状の発付を受けることなく甲の車両を移動させたのは無令状での違法な差押えとなります。公道上に放置されていたとはいえ，車両である以上，遺留物領置と考えることも難しいものと思われます。

解　説

(1)　差押えとは

差押えは，強制的に他人の占有を排除して占有を取得する処分であり，領置は，任意に提出され又は遺留された物の占有を取得する処分です。そして，占有とは，物を実力支配下に置くこと又はおいている状態を指します。

差押えと領置の違いは，占有の開始が強制か任意かというところにあります。

⑵　車両の移動の適法性

本問においては，甲が車両から降車して逃走した後，差押許可状によることなく，同車両を警察署まで移動させています。

これはまさに，同車両を警察において実力支配下に置いた，つまり占有を取得したということになります。これでは違法な押収手続と言わざるを得ません。

なお，本問と事例は異なり，自動車自体の差押えではなく，雑貨店店舗駐車場に駐車してハッチバックを全開にしたまま運転手が姿を消していた車両の捜索についての下級審裁判例ですが，車両の付近に運転者等がいないからといって，そのことだけで直ちに無令状で車両内部の捜索ができるわけではない旨判示したものがあります(横浜地判平23．３．８)。

⑶　遺留物領置の可否

甲の車両は，公道上に停車していたに過ぎないものですから，これを路上に投棄して遺留された本件覚醒剤などと同じように遺留物とみることにもやや無理があります。というのも，車両の場合，道交法等他の法律違反は別として，公道上に駐停車しているに過ぎないことは，通常よくありうることで，その駐停車状況から直ちに遺留物と認めることはできないからです。

⑷　緊急事務管理とすることの適否

本問では，被疑者の乗り捨てたと思われる車両は，運転席ドアが開いたままであり，盗難のおそれがあるなどの状況からの判断でもあったので，緊急事務管理（民法698条）又はこれに準ずる考え方によると考えることはできるでしょうか。

これはできないと考えられます。事務管理は，基本的に「義務なく他人のために事務を管理（車両を維持保管）する」ところにその正当性があります。本問の場合，やはりその第一次的な目的が捜査であることは明白であり，緊急事務管理であるという主張は認められないと考えるべきでしょう。

⑸　採るべき措置

最も妥当な採るべき措置としては，まず，車両について盗難防止等のための監視員をおきます。その間に，被疑者が遺留した覚醒剤様のものと思われるビニール袋入り粉末について，遺留物領置をした上で，鑑定処分許可状を得て鑑定するなどして，その遺留物の覚醒剤性を確認します。この点，鑑定では時間がかかるとの批判もあるかもしれませんが，緊急鑑定で鑑定書を待たずに，鑑定結果だけ電話聴取で得ることも可能な場合もあろうかと思いますし，場合によっては，鑑定処分許可状をとった上で，簡易鑑定をするという方法も考えられるところです。覚醒剤の簡易鑑定は，被疑者の承諾がある場合などがほとんどであり，令状請求を得て行うというのは実務的にはあまり例を見ませんが，被疑者が逃亡し承諾をとれない上，車両の差押え等の必要があるため，あまり鑑定に長時間を要することができないといった事情からすれば，検査キットについて研修を受けるなどして適切に扱うことのできる警察官を鑑定人とした簡易鑑定も鑑定処分許可状により可能ではないかと思います。こうした覚醒剤性に関する資料とともに，Ａらが，甲がその遺留物を所持し現場に遺留した事実経過についての現認報告書を作成するなどして証拠化します。

そして，それらを疎明資料として，被疑者不詳で車両について差押許可状及び車両内の捜索差押許可状を請求し，それらの発付を得て，車両を適法に押収した後，警察署へ移動させて，車両内を捜索して差し押さえるべき物を差し押さえるという手順を踏みます。

(6)　請求と執行について

ア　請求は同時に

本問の場合，車両を一旦警察署に移動させてからの方が，車両内の捜索はじっくりできますが，車両の差押許可状と車両内の捜索差押許可状の請求は，執行の都度，個別にしなくても，本設題のような場合であれば，差し押さえた車両内の捜索差押えは当然に予定されているでしょうから，同時に請求して構いません。

なお，車両自体の差押えと車両内の捜索差押えについては，同時請求といっても，令状自体を一通にまとめるか，それとも各別にするかは別の問題であり，一通にまとめることも可能ですが(問題39（本書132ページ）参照)，本問のような場合は，令状の執行の一回性の原則を考えた場合，同時請求しても，後述するように異時執行をしたいということであれば，各別の令状の方が適している場合もあります。

イ　執行は別々に

そもそも，車両の差押許可状も車両内の捜索差押許可状もそれぞれ１週間の有効期間があるわけですから，同時に請求して，車両を差し押さえ，警察署に移動させた後，車両内の捜索差押えについては，捜索差押許可状の有効期間内のいずれかでじっくり捜索するという方法もあります。

なお，前述したとおり，令状の執行の一回性の原則，つまり一つの捜索差押許可状で執行は１回限りです。車両のような狭い空間での捜索なのであまり実務上例はないかも知れませんが，例えば，薬物をシート下に縫い込んでいたり，容易に取り出せないドア等の車体内部に入れて巧妙に隠匿していることから，短時間では捜索が困難な場合，執行着手日に捜索を終了しないで，一旦中止し，日をまたいで続行して執行することも可能であり，その場合も１回の執行となります（刑訴法222条１項，同法118条）。

(7)　捜索差押調書への記載

上記のように日をまたいだ執行の場合には，例えば，捜索差押調書（甲）の

「１　捜索差押えの日時」欄に，

「令和２年11月１日午後４時30分から同月２日午前11時30分まで」

などと，日をまたいでの執行であることについて正確に記載することが必要ですし，

「６　捜索差押えの経過」欄に，長時間を要した理由について簡潔に記載しておくと分かり易いものになります。

第22　捜索差押え時の施錠の破壊

問題43

大麻所持事案について，被疑者甲が都内某所のＡアパートで乙女と同棲していることが判明した。Ａアパートは，甲の大麻仲間の丙が契約し，甲，乙，丙は，Ａアパートに同居していた。警察は，甲の大麻所持の事実で捜索差押許可状の発付を得て，Ａアパートの捜索差押えを行った。Ａアパート内には，縦横幅いずれも約40センチメートルで引き出しが４か所ある小物入れがあり，それぞれの引き出しに掛金があり南京錠で施錠されていた（以下の図のとおり。）。この捜索差押えの執行時に，引き出し１の掛金と小物入れ本体を固定していたネジがやや緩んでいたが，南京錠はしっかりとかかっており容易には手で引き出しを開けることはできない状態であった。現場には，丙が立ち会っていたが，引き出し３と４には自分の物が入っており，引き出し１には甲の物が，引き出し２には乙の物が入っており１と２の鍵は知らないと述べていた。

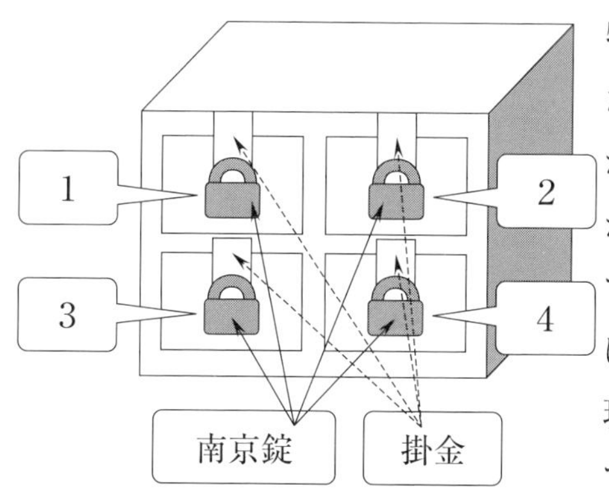

この場合，破壊以外に開ける方法がないとして，引き出し１と２の施錠を破壊して引き出しを開けることはできるか。仮に引き出しを開けることができるとして，施錠を破壊するに当たり留意すべきことは何か。

結　論

必要な処分として，引き出し１と２の施錠を破壊して捜索差押えをすることができます。

留意すべきこととして，施錠を破壊する前に，それぞれの引き出しの施錠の状態を記録するか，施錠を破壊せずに，小物入れごと押収することを検討することも考えられます。

解　説

本問は，実際に同様の事例があったものであり，施錠を破壊した後に，その施錠状況が争いとなりました。

この小物入れの施錠の破壊自体は，必要に応じ可能です。捜索差押えの執行に必要な場合は，施錠を外すなどの必要な処分ができるからです（刑訴法222条１項，111条１項）。

問題は，この施錠の破壊それ自体ではなく，本問にあるように，この捜索差押えの執行時に，引き出し１の掛金と小物入れ本体を固定していたネジがやや緩んでいたことでした。いずれにしても，この引き出し１は，掛け金のネジが緩んでいたものの，南京錠はしっかりかかっており，鍵を使うか，破壊するかしなければ開けることはできませんでした。この引き出し１の中には甲の所持していた大麻が入っていたことも発見されており，丙の供述どおり甲が使用していた引き出しであることが判明しました。しかし，甲は公判で，引き出し１の中に入っていたものは自分の物ではない，自分の仲間が勝手に入れた物だと弁解して否認したのです。引き出し２の中に入っていた大麻は，甲と同棲していた乙の物であり乙もこれを認めていました。しかし，乙は，引き出し１について，証人として証言した際に，「確かに，引き出し１には甲の物が入っていたが，引き出し１は小物入れ本体と掛金をとめていたネジが緩んでいて南京錠を解錠しなくても容易に手で開くことができた。自分達が住んでいたアパートの部屋は他の大麻の仲間も来ていたので，その人達が手で開けて引き出し１に大麻を入れていたかもしれない。」などと甲をかばう証言をしたのです。そこで，捜索差押え時に執行に立ち会った丙にも証言させたのですが，結局，丙も以前に甲にかばってもらったことがあったらしく，丙も乙同様に甲をかばう証言をしたのです。ほかに執行時の警察官などを証人尋問しましたが，引き出し１の施錠の状況や掛金の緩み具合などについてはいずれも抽象的な証言にとどまり，裁判所の認定は，引き出し１は，解錠することなく第三者が手で開けて大麻を入れた疑いを払拭できないとするものでした。本問のように，掛金が緩んでいるような異常がある場合には，直ちに施錠を破壊して中の物を確認し差し押さえるのではなく，その小物入れ自体の状況も非常に重要な証拠となる場合があるので，小物入れの状況等を精査するために，その全体を押収して後に検証するか，あるいは少なくとも，施錠破壊前に，その状態を詳細に記録化した報告書等を作成しておく方がよい場合があるということに留意する必要がある場合があります。

第23　他庁との合同捜査の場合の請求

問題44

覚醒剤及びＭＤＭＡの密輸事件が税関において発覚し，税関と合同で捜査することとなり，被疑者方の捜索差押えをすることとなった場合，令状請求に当たり，通常必要とされている疎明資料のほかに，添付するのが相当と思われる疎明資料としては，どのようなものが考えられるか。

結　論

既に税関で臨検捜索差押許可状の請求がなされ又は許可状が発付されているようであれば，その請求書や許可状の写しを疎明資料として添付することが考えられます。

解　説

警察による捜索差押許可状の請求の内容は，必ずしも税関に合わせなければならないというものではありません。また，税関側からしても同じです。警察は，あくまで刑事事件として捜査をするものであり，税関は，反則事件として調査するのであり，それぞれ異なるものです。しかし，同一の事実についての令状であり，いずれも同一の被疑者なり反則嫌疑者（以下，単に「被疑者」という。）なりに示すものでありながら，被疑者の人定や犯罪事実にズレがあるなど平仄がとれていないとなると，令状を提示された被疑者においても疑問を抱いたり，スムーズな執行に支障を来すこともあり得ます。

これは，実際にあった事例ですが，被疑者の人定に関して，警察の請求では，職業について「不詳」と，住居については住民票記載の住所で認定していた一方で，税関の請求では，職業について「会社員」

と，住居について，被疑者の居住実態のある場所を住居と認定するなど区々になっているものがありました。このときは税関の請求が警察の請求に先行しており，警察の請求では，審査をした裁判官が税関の請求を審査した裁判官と別の裁判官であったところ，同裁判官が，税関の請求について写しを求めたことから，被疑者の人定について齟齬があることが判明したというものでした。このときは，これで，警察と税関のいずれの認定が正しいのか再度確認する機会があったので，最終的な発付において齟齬が生じたということはありませんでしたが，このまま警察の請求について裁判官が何ら気付くことなく，捜索差押許可状を発付していたとなると，同じ被疑者で異なる人定の令状が発付されてしまうことになることもあるわけです。また別の請求事案でも，犯罪事実について，薬物の密輸の事実経過が一部省略されていたり，判明している共犯者について不詳とされているなどしてそれぞれ異なるものになっていたものなどもありました。

こうしたことは，捜査の進捗状況の違いによることもあると思われますし，そもそも，それぞれの捜査機関の第一次的判断が異なるということもあるかも知れませんが，捜査情報の共有がしっかりできていないことにも少なからず問題があるのではないかと思います。

上記に示した程度のこれらの相違は令状の適法性に影響を与えるものではありませんし，そのまま執行しても特に問題があるものではありません。しかし，審査する側としては，事前に承知していれば，先行する令状の認定が自己の認定の許容範囲であれば，なるべく平仄をとりたいところです。もちろん，裁判官としては，添付された先行する令状やその請求書は，あくまで参考資料として参照するに過ぎず，その内容に漫然と追従するということはありません。

執行場面においても，その方が被疑者にも何らの違和感なく穏当に執行ができるものと思います。

ですから，同一事実について，他庁と合同で捜査するような場合においては，できうる限り，令状請求時における人定や被疑事実等についての認定を確定しておくのはもとより，税関等の他庁の令状請求やその発付が，警察捜査に先行しているようであれば，警察における令状請求に当たり，他庁の令状請求書や発付済の令状について，その写しを添付して請求してもらうのが望ましいのではないかと思います。

第24　時間外請求の緊急性

問題45

覚醒剤密売の事案で逮捕した甲暴力団組員Ｂから，同組組長Ａの自宅で，Ａ組長が自慢しながら，ロシア製のけん銃だといってＢに見せたことがあり，そのけん銃は油紙に包まれて組長自宅の台所の床下収納に隠匿されているとの供述を得た。そこで，Ｂの供述に基づき，被疑者Ａについてのけん銃所持の犯罪事実で，Ａ方自宅及びＡ所属の甲暴力団組事務所等の関係捜索場所等10か所に一挙にガサをかけるため，捜索差押許可状を請求することとなった。

捜索差押えの執行は，令和２年10月20日の午後１時と決まり，同日午前６時頃，令状請求の準備がおおむね整ったため，これから１時間後に請求する旨を裁判所宿直に予約連絡し，同日午前７時30分頃に裁判所に請求して受付を済ませたが，その後，請求書類に不備が見つかり，結局，一旦撤回となり，再請求自体は午前９時となり，その後，午前11時に令状が発付され，予定どおり令状は執行された。

この令状請求における問題点は何か。

結　論

それぞれの事案や捜査計画にもよると思いますが，可能なのであれば，執行の当日ではなく，執行日の前日の日中に余裕をもって令状請求ができなかったのかを検討すべきです。

また，本問では，裁判所の令状受付の態勢が宿直から通常執務時間に切り替わる直前に令状請求をしていますが，執行との兼ね合いで，宿直で請求する緊急性があったのかの検討も必要となります。

解　説

全国どこの裁判所においても，緊急逮捕は勿論のこと，緊急性を要する令状請求を受け付けられるように，執務時間外の平日夜間や休日にも職員が宿日直の勤務をして対応しています。ですから，365日24時間，いつでも，令状請求を受け付け，速やかに審査し，令状を発付するなり請求を却下するなりの判断をすることができます。

しかし，この裁判所の宿日直は，執務時間外においても，必要性や緊急性が認められる令状請求があるからこそ設けられているものです。裁判所の宿日直の人的体制は執務時間中のそれより手薄になっていますし，また必ずしも普段の職務において令状請求事件を専門に担当している職員であるとも限りません。

裁判所の宿日直は，このような体制にありますので，仮に，執行時期等について調整可能な大量の令状請求が夜間等に集中してしまうと，令状裁判所として機能不全に陥ってしまい，真に必要性・緊急性のある令状の審査・発付等に支障を生じかねません。例えて言うならば，出動能力に限界のある救急車が，夜間，入院計画を立てて余裕をもって入院できるはずの多数の患者に振り回されて，真に緊急性のある重症の患者を搬送できなくなるようなものです。

本問にあるような相当な期間をかけて捜査してきた事件であれば，多くの場合，これに対する強制捜査の執行時期は，全く調整の余地なく直ちに執行しなければならないとまでは考え難いところです。

以上からすると，捜査計画を立てるなどある程度時間的に余裕がある令状請求については，裁判所の執務時間外に請求するというのは，やはり極力避けるべきだと思われます。ただ，捜査の密行性など様々な問題から，できる限り執行直前に令状請求すべきとの考え方や，その他の多数の事件が輻輳したため請求が遅れたが，被疑者の行動確認等の結果，その時期しか執行のチャンスがなかったなど捜査側の様々な事情があると思いますので，その当否は一概にいうことはできません。

本問の事例では，Ｂの供述を端緒としたＡ組長の拳銃所持を犯罪事実とする捜索差押えですので，その捜査経緯だけをみると緊急性がさほど高いとはいえません。捜査情報の外部漏洩のリスクをできる限り軽減するために執行の直前に請求したいとすることも理解できなくはありませんが，令状の有効期間は７日ありますし，少なくとも執行の１～２日前の請求という計画であれば無理のない場合もあるのではないかと思います。

また，宿直明けでもう間もなく裁判所の正規の執務時間に入ろうとしていたのですから，令状執行の時間との兼ね合いから，執務時間に入ってから令状請求の予約を入れても十分に間に合ったとも考えられます。本問では，宿直受けの令状請求自体に不備があり，一旦，撤回となりこれを是正するのに遅れて，結局，裁判所の執務時間に再請求されたわけであり，それでも執行に間に合っています。

いずれにしても，裁判所の時間外の宿日直受けには，上述したような宿日直の機能や裁判所としての宿日直の実情などがありますので，それらについて十分理解していただいた上で，令状請求の要否及び緊急性等についてご検討いただき，適時適切に令状請求していただくのがよいかと思われます。

第３編　検証・身体検査・鑑定等

第３編　検証・身体検査・鑑定等

本編では，検証・身体検査・鑑定に関する諸問題を取り上げています。

本編においても，第２編の捜索差押えと同様に，従来から議論されている問題も数多く取り入れていますが，その趣旨とするところは，基本を確認するとともに，令状実務の現場であらわれる様々な諸問題についての検討です。

検証では，携帯電話の位置探査について，被疑者のものである場合と，第三者のものである場合に，いかなる違いがあり，請求に当たって，具体的な疎明資料としてはどのようなものが必要になってくるのかなど，また，最近，急増しているカーナビゲーションシステムやドライブレコーダーと車両の検証許可状の効力の問題なども取り上げています。

身体検査に関しては，刑訴法上の身体検査の位置づけや，そもそもの令状の必要性と身体検査の必要性とをいかに考えるべきかなどについて取り上げています。

また，鑑定に関しては，鑑定に必要な処分や鑑定事項等の基本的事項を確認する問題に加え，常日頃から頻繁にある死体解剖の鑑定処分許可状の請求，鑑定処分許可状に固有の事由から考えられる令状の有効期間の問題，さらには，公訴提起後の鑑定処分許可状の請求の問題などについて触れています。

これらの諸問題も，実際にあった令状実務の現場であったものを素材にして解説しています。

第１　検証

１　車両の検証とカーナビの検証

問題46

深夜，千葉中央署管内を警ら用無線車両で警ら中，著しく低速で走行中の他県ナンバー（福岡）の車両を発見し，不審と認めたことから，ナンバー照会をしたところ，同車両が，福岡市内で発生した自動車窃盗事件の被害車両であることが判明した。そこで同車両の運転手らに職務質問を行うべく停止を求めたところ，同車両は，突如急加速して逃走したため，追跡を開始した。運転手と同乗者１名は，途中で，同車両を放置して逃走したことから，同車両について，車両自体の差押許可状及び車両内の捜索差押許可状を得て，同車両を押収するとともに同車両内を捜索するなどした上，本署に搬送した。

その後，同車両について検証許可状の発付を得て検証を開始した。同車両内には内臓型のカーナビゲーションシステム（以下「カーナビ」という。）が搭載されており，被疑者らの犯行後の足取りやその後予定していた行き先などが記録されている可能性があるものと思われた。この場合，既に発付済みの同車両の検証許可状で，車両内に搭載されているカーナビの検証をすることはできるか。

結　論

車両の検証許可状では，その車両内に搭載されたカーナビの検証をすることはできません。

カーナビの検証をするには，別途，カーナビについての検証許可状を取得する必要があります。

解　説

本問の検証許可状は，あくまで車両に対する検証を許可したものです。検証許可状の「検証すべき場所又は物」の欄には，例えば「普通乗用自動車　登録番号　○○501さ7777」などと記載されているはずです。同許可状の請求書にも同様の記載があり，請求者の意思としても裁判官の審査の対象としても，検証すべき物は車両以外の何物でもありません。

そもそも，検証許可状には，検証すべき場所又は物を明示して記載しなければならず（刑訴法219条），その請求に当たっては，請求書に検証すべき場所又は物を記載しなければならないとされています（刑訴規則155条１項１号）。

その趣旨は，検証対象物を令状に明示する手続を通じて検証の許否に関する裁判所の審査判断を明確に行わせ，検証の実施に当たる捜査機関の末端にまで許可された権限の範囲を明確に周知徹底させて，その濫用防止に役立てるとともに，検証の処分を受ける者に対して，その受忍義務の範囲を明確にすることにあります。

本問では，車両が検証の対象物になっているのは明らかですが，カーナビは，その記載がありません。近年カーナビが普及し相当数の車両にカーナビが設置してあるとしても，車両の検証許可状が，カーナビの検証にまで及んでいるとは考えられませんし，現に裁判官の審査判断がその趣旨で及んでいないでしょうし，その記載内容からしても及んでいると解することには無理があります。それは，本問のように，カーナビが車両に内臓されており車両と一体のものだとしても結論は一緒です。

カーナビのほか，近年では，ドライブレコーダーやデジタル式のタコグラフ（運行記録計）など電子機器の発達により様々な電子装置が車両内に付属されていることがあります。

これらの装置が搭載されているかどうかは，対象となっている車両をドアガラスを通して見ても容易に分かるものもあります。

あらかじめそれらの装置が車両内に搭載されていることが分かっており，それらのものについても検証が必要であるならば，それらの装置を個別に特定して検証許可状の請求をして，その発付を得ることが必要になるものと思われます。

2　エックス線検査

問題47

麻薬密売についてK警察署で内偵捜査を進めていたところ，甲市内在住のAがB事務所から宅配便でMDMAを仕入れている疑いが濃厚となった。そこで，K警察署の捜査員らは，宅配便事業者の承諾を得て，MDMAが入っていると思われる荷物を借り受けて，その荷物について外部からエックス線を照射し，その内容物を確認した。その荷物の品名欄には「書籍類」と記載されていたものの，エックス線検査の結果，品名とは明らかに異なる瓶詰にされた錠剤様の固形物が多数ある射影が観察された。捜査員らは，エックス線検査を終えると，この荷物を宅配便事業者に返却して，A方に配送させた後，これまでの内偵捜査に係る資料に加えて，エックス線写真の画像等を疎明資料として，A方の捜索差押許可状の発付を得て，A方を捜索して配送された荷物にあった大量のMDMA錠剤等を差押えたが，以上の一連の捜査の問題点は何か。

結　論

荷物のエックス線検査には検証許可状が必要となります。

解　説

本問のエックス線検査は，B事務所からA方に向けて宅配便によって配送されている途中の荷物について，宅配便事業者の承諾を受け，これを借り受けて行われています。しかし，この荷物についてエックス線を照射して内容物を観察することなどについては，送り主であるB事務所や名宛人であるAの承諾は得ていません。エックス線検査は，その射影によって荷物の内容物の形状や材質をうかがい知ることができますし，その内容物によっては，それらの情報からその品目等を相当程度に具体的に特定することも可能です。本問においても内偵捜査でＭＤＭＡの密売についてかなりの疑いが出てきていたところ，まさに捜査対象となった荷物についてエックス線検査をすることによりＭＤＭＡの錠剤様の物が射影として観察されて嫌疑がさらに濃厚なものとなっています。このように相当の精度で荷物の中身について知りうる手段なわけですから，その荷物の送り主や名宛人の内容物に対するプライバシー等を大きく侵害する処分であり，もはや任意捜査の範囲を超えており，強制捜査ということになり令状が必要ということなります。その令状の種類としては，エックス線検査は，エックス線照射による射影で荷物の中身を観察することを目的としているので，五官の作用により目的物の性質又は状態を認識することを目的とする強制処分である検証であり，検証許可状によるべきということになります(最判平21．９.28)。

同様の事例の同判例では，エックス線検査自体を強制処分として令状によらない違法な捜査としていますが，これに基づいて発付を得た捜索差押許可状による捜索差押えによる薬物自体の証拠能力は肯定されています。ただ，これは，密売の嫌疑について相当嫌疑が高まっていたことや，捜索差押許可状の発付を得るに当たり，エックス線検査等の経緯について裁判所に疎明しており，捜査機関において令状主義を潜脱する意図はなく，その違法性は重大ではないと判断されたことによりますので，今後，同様の事例で，エックス線検査について検証許可状を得ることなく実施した場合，これに基づく証拠は，違法とされ証拠排除されていくことになろうかと思います。

なお，税関職員が，郵便物の輸出入の簡易手続として，輸出入禁制品の有無等を確認するために，郵便物を開披して，その内容物を特定するためなどに必要とされる検査をすることは，関税の公平確実な賦課徴収及び税関事務の適正円滑な処理という行政目的によるものであり，裁判官の発する令状は必要ありませんし，当該郵便物の発送人や名宛人の承諾も必要ないとされています（最判三小平28.12.９）。

ですから，税関において，一連の輸出入の検査手続の中でエックス線検査やＴＤＳ検査を行い，違法薬物が発見され，鑑定に付されるなどしても，これによって得られた証拠である違法薬物それ自体や鑑定書等の証拠能力が，令状によらないことなどを理由に否定されることはありません。

同じ郵便物の検査でも，国内における郵便物を，最初から捜査目的で検査する場合と，国外から輸入された荷物を，行政目的で検査する場合とでは，いずれも結果としては捜査の端緒等にはなり得ても，全く異質のものということです。

３　被疑者の携帯電話の位置探査

問題48

逃走中の被疑者Ａについて，Ａ使用の携帯電話の電話番号が特定された。この場合，Ａの携帯電話の位置探査のための検証許可状請求書の「検証すべき場所又は物」（実際の書式は，捜査書類基本書式例によれば，様式第24号「３　捜索し又は検証すべき場所，身体若しくは物」）にいかなる事項を記載し，いかなる疎明資料が必要か。

結　論

「検証すべき場所又は物」欄の必要な記載事項は

ア　検証すべき場所（物）

イ　検証すべき内容

ウ　検証期間

エ　検証時間（回数）

となります。

疎明資料としては，①犯罪の嫌疑や犯人性を示す資料の他に，②携帯電話の特定のための携帯電話会社に対する捜査関係事項照会回答書，③被疑者以外の者が契約者である場合に被疑者が使用していることを示す資料，④携帯電話会社との事前打合せ（事前協議）に関する報告書などが考えられます。

解　説

(1)　逃走中の被疑者について，被疑者が使用する携帯電話が特定できているような場合は，裁判官から携帯電話の位置探査のための検証許可状の発付を受けて位置探査（検証）を行うというのが，今や捜査手法として定着していますが，本問では，今一度，基本にかえって，その請求書の必要な記載事項や疎明資料を整理してみていきましょう。

(2)　まず，携帯電話の位置探査の概要です。

携帯電話は，電源が入ると，0.05〜0.数ワット程度の微弱電波を発信しており，その電波を通信事業者の最寄りの基地局アンテナが受信しています。これを利用して，その携帯電話の使用者の位置を調べるのが，携帯電話の位置探査です。

ちなみに携帯電話で使われている電波も，電子レンジで使われるマイクロ波も，蛍光灯から発せられる可視光線も，レントゲンから照射されるX線も全て電磁波であり波長等の違いから性質が異なってくるものです。これに目を付けた振り込め詐欺のあるグループが携帯電話を電子レンジの中に入れて位置探査がされないようしていたことがありました。電子レンジは，中で発生するマイクロ波である電磁波を外に出さないようにできていますから，よくそんなことに気付いたなと感心しましたが，携帯電話の電波と電子レンジのマイクロ波では出力や周波数が違うので意味がありません。というか，仮に電子レンジに入れて電波を遮ることができるのなら，結局，携帯電話の電源を切っているのと変わらないですから，どちらにしてもただの浅知恵です。

(3)　さて，本題に戻りますが，捜査機関が通信事業者に対して，携帯電話の位置探査をさせることは，その使用者個人の居場所というプライバシーにかかわってくるので，強制処分であり，裁判官の発する検証許可状によらなければならないとされており，既に逮捕状が発付されている被疑者の所在捜査はもちろん，逮捕状が発付されていない被疑者についても，位置探査の検証ができるとされています。

⑷　検証すべき場所又は物欄に記載すべき事項

ア　検証すべき場所（物）

携帯電話の位置探査において検証すべき場所又は物は，通信事業者である携帯電話会社のシステム端末です。

このシステム端末が設置してある場所を示すとともに，そのシステム端末を特定すれば，それで場所と物を同時に特定したことになります（ただ，この場合は，場所というよりシステム端末を特定するための場所的要素ですので，結果的には「検証すべき物」を特定したということなります。

具体的な記載例としては，例えば，

「検証すべき場所若しくは物

東京都○○区・・○丁目○番○号　○○ビル○階　株式会社ＡＢＣ　○○部設置のネットワークオペレーションシステム○○端末」

などと記載することになります。

これに対応する疎明資料は，結論の④の携帯電話会社との事前打合せに関する報告書です。

イ　検証すべき内容

検証すべき内容としては，検証すべき場所（物）で特定したシステム端末を操作して，被疑者の使用する携帯電話端末機の所在の探査を行うこととなります。

具体的な記載例としては，たとえば，

「上記端末を操作して，

携帯電話番号090－○○○○－○○○○で使用される携帯

電話端末機の所在位置探査を行う」

などと記載します。

これに対応する疎明資料は，結論の②の携帯電話の特定のための携帯電話会社に対する捜査関係事項照会回答書です。これにより，契約者名義や電話番号が明らかになり，位置探査の対象となる携帯電話が特定されます。なお，ここで注意が必要なのは，その携帯電話の契約者が被疑者名義であれば，通常，被疑者が使用しているでしょうから，特別な事情がない限り他の疎明資料は必要ありませんが，被疑者以外の第三者が契約名義になっている場合は，結論にある③の被疑者以外の者が契約者である場合に被疑者が使用していることを示す資料が必要になります。事件関係者の供述調書でもいいですし，契約名義が被疑者以外の家族や愛人などであれば，それを示す資料が必要になります。

ウ　検証期間

携帯電話の位置探査は，期間をあまり長期間にわたり継続的に行うことになると，個人のプライバシーへの制約が大きくなるとともに，これを実施する通信事業者の負担も過重となることから，捜査実務においては，通信事業者との事前打合せで，３日から長くとも７日程度とされていることが多いようです。

なお，この検証期間は，検証許可状の有効期間内に開始されれば，検証期間の終了は，有効期間を超えても構いません。

具体的な記載としては，例えば

「令和２年12月25日から同月28日までの間」

などとなります。

これに対応する疎明資料は，結論の④の携帯電話会社との事前打合せに関する報告書です。

エ　検証時間（回数）

検証時間や回数についても，通信事業者との事前打合せなどで，過度な負担にならないようにするとともに，また位置探査の目的を十分に達することができるように適度な回数と時間が決められています。通常，回数は３回程度，午前，午後，夜間，例えば，午前10時45分頃，午後１時45分頃，午後９時30分頃などのように決められます。

具体的な記載としては，例えば

「上記期間中の各日　午前10時45分頃，午後１時45分頃，午後９時30分頃」

などとなります。

これに対応する疎明資料は，結論の④の携帯電話会社との事前打合せに関する報告書です。

⑸　被疑者の携帯電話の過去位置情報（カコイチ）

これまで説明してきたものは，全て被疑者の携帯電話の現在位置情報（ゲンイチ）を取得するための検証許可状の請求に関してです。これに対し，被疑者がある特定の期間どこに居たのかを探る方法として過去位置情報の取得がありますが，こちらは通話明細の取得と同様に差押許可状等によることになります。

4　第三者の携帯電話の位置探査

問題49

逃走中の被疑者Aについて，捜査協力者Bの情報により，Aと行動を共にしているとみられるCが浮上し，C使用の携帯電話の電話番号が特定された。この場合，Cの携帯電話の位置探査のための検証許可状の請求はできるか。

結　論

C使用の携帯電話の位置探査のための検証許可状の請求はできる場合があります。

必要な疎明資料としては

① 被疑者AとCとの関係
② Cが被疑者Aと行動を共にしている蓋然性
③ C使用の携帯電話の契約者情報
④ 被疑者A使用の携帯電話の特定の困難性
⑤ Cの人定関係資料

などが考えられます。

解　説

携帯電話の位置探査の検証許可状請求書の検証すべき場所（物）の記載や基本的な疎明資料は，被疑者の携帯電話の位置探査（本書165ページ）を参照してください。

本問の事例は，被疑者本人の使用に係る携帯電話の位置探査ではなく，逃走している被疑者と行動を共にしている第三者であるCの携帯電話の位置探査ができるかという問題です。

前述したとおり，この処分は，携帯電話使用者の居場所というプライバシーにかかわる事項を明らかにするものですから，被疑者以外の第三者に対する場合は，その必要性などについて慎重な判断が必要になってきます。

そこで必要とされる疎明資料としては，回答でも示したとおり，

①　被疑者ＡとＣとの関係
②　Ｃが被疑者Ａと行動を共にしている蓋然性
③　Ｃ使用の携帯電話の契約者情報
④　被疑者Ａ使用の携帯電話の特定の困難性
⑤　Ｃの人定関係資料

などとなります。

具体的には，①及び②については，捜査協力者Ｂの捜査情報として，ＣがＢから電話連絡を受けるなどしてＡと行動を共にしていることを知るに至った経緯などを具体的に記載した聴取報告書又は供述調書等が考えられます。

メールやＳＮＳ等のやり取りがあれば，そのデータを複写して捜査報告書に添付して疎明資料化するということも考えられるでしょう。

③については，携帯電話会社への捜査関係事項照会回答書によれば足ります。契約名義がＣと異なる場合については，Ｃがその携帯電話を使用していることについての疎明資料が別途必要になることは被疑者の携帯電話の位置探査で述べたことと同じです。

④については，それ以前の捜査において，被疑者使用に係る携帯電話の特定が困難であったことを示す捜査報告書等が考えられます。これは，やはり第１次的には被疑者の携帯電話の位置探査をすべきで，これができないからこそ次善の策として第三者の携帯電話の位置探査が必要になるということを示す疎明資料という位置づけになります。

⑤については，捜査情報から判明したＣの人定資料であり，通常は戸籍謄本等ということになります。

以上の疎明資料が揃えば，第三者であるＣの使用に係る携帯電話の位置探査のための検証許可状の請求ができるものと思われます。

なお，Ｂの情報から，Ｃが，Ａについて罰金以上の刑に当たる罪を犯した者であることを知り，Ａを蔵匿するなどしていることが明らかである場合は，Ａの犯人蔵匿等の犯罪事実で，Ｃを被疑者として，位置探査の検証許可状の請求をするということも考えられるところです。

５　検証すべき場所　付近一帯

問題50

検証許可状請求書の検証すべき場所に，そもそもの検証の対象となる建物等に加えて「及びその付近一帯（以下，「付近一帯」という。）」を付記書きすることに問題はないか。

結　論

検証すべき場所の範囲があいまいになりますので，「付近一帯」は記載するべきではありません。

理　由

検証すべき場所の特定は，捜索すべき場所の特定と同様に考えられます。

捜索は，当該場所に対する管理権の侵害という実質を有し，捜索許可の個数は管理権の数が基準となりますから，単一の管理権が及ぶ場所的範囲が合理的に明確であるように表示すべきであるとされています。

検証も，これと同様に考えられますから，検証すべき場所として，これに付加して「付近一帯」としたのでは，検証すべき場所としての特定が十分であるとは言えませんし，また検証すべき場所以外の他の管理権に検証許可状による強制捜査が及びそれらの管理権が侵害されるおそれもあります。

ところで，実際の検証許可状に基づく検証結果を記載した検証調書をみると，例えば，マンションの被害者方居室内において発生した殺人事件などでは，同居室内を検証するのはもとより，マンションの全容及びその周辺の状況に至るまで検証し写真撮影するなどしています。

請求側としては，検証すべき場所だけでなく，これに付随する隣地や公道などその付近一帯の全容を外観から検証し，検証すべき場所との位置関係を明らかにするなどのために，念のため,「付近一帯」を付加したいとの意識が働いていることもあるようです。

仮に,「付近一帯」の付記書きが，そのような趣旨であり，それを許容した検証許可状の実際の執行において，許可状に明記された検証すべき場所以外に，実質的な管理権侵害がなかったとしても，許可状の外観としては明記された検証すべき場所以外にも管理権の侵害を許したものになっていますし，その範囲は，結局，それを執行する捜査官の判断に委ねられたものとなっていることになります。

管見の限り，実際に，その適法性が問題になったという事例に接したことはありませんが，令状審査の面からみても，やはり，間違いなく裁判官の審査が及んでいるのは，検証すべき場所として明記された場所であること，令状の執行の面から見ても，警察比例の原則から実害の発生するおそれは想定しにくいものの，捜査側の判断によって，その執行の範囲やその実が変わるようなものであってはならないことなどからして,「付近一帯」は，検証すべき場所に付記するべきではないものと思います。

第2　身体検査

1　刑訴法上の身体検査

問題51

刑事訴訟法上，強制処分としての身体検査には，いかなるものがあるか。

解　説

刑訴法上，強制処分の身体検査には，以下の３種類があります検証の一種として定められている身体検査（これがいわゆる「検証としての身体検査」(刑訴法218条１項）という。）であり，一番狭い意味での典型的な身体検査です。この身体検査は，身体検査令状により行うこととなります。

また，刑訴法は，鑑定処分許可状により，鑑定について身体検査ができると定めています（これをいわゆる「鑑定処分としての身体検査」(刑訴法225条１項，同法168条１項）という。)。

そのほか，捜索差押許可状により，身体について捜索ができる旨（これをいわゆる「捜索としての身体検査」(刑訴法218条１項，同法102条）という。）定めており，これらを含めたものが，一番広い意味での身体検査ということになります。

上記の身体検査は，いずれも刑訴法上の強制処分であり，令状を必要とする身体検査ですが，その他に，刑訴法以外の法令に基づく身体検査としては，警職法の職務質問に付随する所持品検査などが含まれることになります。

以下に，刑訴法上の強制処分としての身体検査として定められているものを一覧表にまとめました。

区分	根拠	身体検査の種類	必要な令状	具体例
最狭義	218-1	検証としての身体検査	身体検査令状	身体特徴，傷害部位等の検査
広義	225-1 168-1	鑑定処分としての身体検査	鑑定処分許可状 ※1	強制採血，毛髪等採取
最広義	218-1 102	捜索としての身体検査	捜索差押許可状 ※2	強制採尿，レントゲン照射による体腔内検査等

※1　強制採血，毛髪等採取には，鑑定処分許可状のほかに，身体検査令状も必要となります。

※2　強制採尿に必要な令状は，捜索差押許可状だけでよいですが，レントゲン照射による体腔内検査は，別に鑑定処分許可状も必要になります（いずれも身体検査令状は必要ありません。）。

２　身体検査令状の必要性

問題52

身体検査令状における「身体の検査を必要とする理由」とは何か。

解　説

(1)　刑訴法218条１項では，犯罪の捜査をするについて必要があるときは，裁判官の発する身体検査令状により強制処分による身体検査ができる旨定めています。

他方で，同条５項では，身体検査令状の請求をするには，

①　身体の検査を必要とする理由

②　身体の検査を受ける者の性別

③　身体の検査を受ける者の健康状態

④　その他裁判所の規則で定める事項（現行規則では規定はありません。）

を示さなければならない旨定め，刑訴規則155条２項により，同条１項に掲げる事項のほかに，上記①ないし④が，身体検査令状請求書に記載すべき事項とされています。

この218条１項の「必要があるとき（以下「令状の必要性」といいます。）」と同条５項の「身体の検査を必要とする理由（以下「身体検査の必要性」といいます。）」との関係はいかに考えるべきでしょうか。

身体検査令状は，対象が生きた人間の身体であり，身体の自由を侵害するものであるだけでなく，個人の名誉や尊厳にもかかわります。

身体検査令状によりなしうる身体検査の範囲は，身体の体表に表れる黒子（ほくろ），痣（あざ），傷痕，刺青等のほか，肛門等の体腔の検査も含まれ，被検査者を裸にすることも許されます。ですから，場合によっては，これを受ける者の自尊心や羞恥心を傷つけ相当な精神的苦痛を伴い得るものでもあります。

そのため，単なる検証許可状とは別に，身体検査令状によらなければならないこととされており（刑訴法218条１項後段），また，そのような令状としての特性を踏まえて，「令状の必要性」のみならず「身体検査の必要性」を加えて，身体検査令状の発付要件を厳しくしたものと考えられます。そして，その請求書に「身体検査の必要性」を記載することを義務付けたわけです。

⑵　請求側の留意点

身体検査令状の請求に際し「身体検査の必要性」を示さなければならないとする法の趣旨が上記のとおりであるならば，これを全うし，裁判官の令状審査に資するように，身体検査を行う必要性をできる限り具体的に明示する必要があります。

例えば，被疑者Ａが情婦Ｂに覚醒剤を注射して使用させたという覚醒剤共同使用の事案で，Ａが否認する一方で，ＢがＡ自身の自己使用も供述しているが，そのＡの自己使用が尿中の覚醒剤を検出できない程度に相当期間を経過しているとなれば，被疑者の否認を覆すための採尿に代わる手段として毛髪採取が必要となることがあり得ます。このような場合，「身体検査の必要性」について，単に「被疑者Ａの毛髪を採取して，覚醒剤の使用の有無を調べるため」などと記載しても具体的に明示したことにはなりません。そこで具体的な必要性を示すために「本件は，被疑者Ａが情婦Ｂに覚醒剤を注射して使用させた共同使用の事案である。被疑者Ａは覚醒剤を扱ったことはない旨供述して本件犯罪事実を否認しているが，情婦Ｂは，被疑者Ａも覚せい剤を自己使用していた旨供述している。被疑者Ａによる覚醒剤自己使用は，相当期間経過していることから，尿に代わる検体として毛髪約50本が必要であり，被疑者Ａが鑑定のための毛髪採取を拒否した場合，鑑定処分が不可能となるため。」などと記載し，「身体検査の必要性」を明らかにする必要があるわけです。

(3)　令状審査の実際

身体検査令状に関しては，逮捕状のように裁判官が逮捕の必要性について審査権を有することを認めた明文の規定（刑訴法199条２項但し書参照）はありませんが，身体検査令状に関しても裁判官には必要性についての審査権があると考えられています（本書92ページ参照）。

ここにいう必要性とは，令状一般についての「令状の必要性」のことであり，犯罪の態様，軽重，証拠の価値，重要性その他諸般の事情に照らして判断されるものです。その判断は，流動的で不確定要素の多い捜査としての強制処分であるので，第一次的には必要性ありとする請求者の判断が十分に尊重されるべきであるので，裁判官の必要性判断としては，明かに必要でないと認められる場合に限り令状を発付しないことができるとされています。

裁判官としては，まずは，この令状審査における一般的な必要性の審査として「令状の必要性」を審査し，明らかに必要でないとは言えないと判断すると，次に，身体検査令状に固有の「身体検査の必要性」の審査に入るということになります。

例えば，前述した覚醒剤使用の事案での毛髪採取のための身体検査令状の必要性審査の過程を見てみましょう。

覚醒剤を使用すると，尿から覚醒剤の反応が出るほか，毛髪に覚醒剤の成分が移行して蓄積されていくことは自明の理ですから，被疑者の毛髪採取は，覚醒剤使用の立証のためということでは，明らかに必要でないとは言えません。したがって「令状の必要性」は認められるということになります。

次に「身体検査の必要性」の審査ということになります。

毛髪採取は，毛髪鑑定を目的としているところ，毛髪鑑定の場合，仮に，覚醒剤が検出されたとしても，尿中の覚醒剤と異なり，その使用期間についてかなりの幅があります。ですから，既に被疑者の尿から覚醒剤の反応が出ている場合，あるいは，これから被疑者に対する強制採尿が予定されている場合は，特別な事情がない限り，「身体検査の必要性」については消極の判断に傾きます。

そこで，必要となってくるのが，「身体検査の必要性」についての具体的な明示です。前述した事例でいえば，被疑者の尿中の覚醒剤を検出できない程度に相当期間を経過していることなどから，採尿の代替手段として毛髪採取が必要であることが請求書の記載から明らかであり，これが疎明資料により疎明されれば，「身体検査の必要性」について積極に傾くことになるわけです。

実際の審査において，「令状の必要性」と「身体検査の必要性」を截然と区別して審査をしているわけではありませんが，審査を段階的にとらえると，このように説明できます。

３　身体検査令状の夜間執行の許可の要否

問題53

深夜，飲酒運転取締りのため検問を実施中，酒酔い運転の被疑者を認めて現行犯逮捕した。逮捕後に被疑者を引致した警察署において，飲酒検知に応じるように説得を繰り返したが，頑なに許否していたため，採血のための鑑定処分許可状及び身体検査令状の請求をすることとなった。この場合，身体検査令状の請求に当たり「アルコールの保有状況を検査するため，直ちに採血を行う必要があるので日出前に執行したい。」などとして，いわゆる夜間執行を求める必要はあるか。

結　論

身体検査令状を夜間に執行する必要がある場合でも，夜間執行の許可は必要ないと考えられています。

解　説

刑訴規則155条２項には「身体検査令状の請求書には，前項に規定する事項のほか，法218条５項に規定する事項を記載しなければならない。」との定めがあり，この条項にいう前項である刑訴規則155条１項のうち，７号に夜間執行の必要がある場合にその旨と事由が定められています。これを根拠とすると，身体検査令状の請求においても，必要がある場合は夜間執行の必要性等を請求書に記載しなければならないとも考えられます。

ここで刑訴法の定めを見てみましょう。刑訴法222条４項のいわゆる夜間執行の定めには，「日出前，日没後には，令状に夜間でも検証をすることができる旨の記載がなければ，・・・・・，人の住居又は人の看守する邸宅，建造物若しくは船舶内に入ることができない。」とありますが，その文言の中に「人の身体」は入っていません。また，同項は，捜査機関が裁判官の発付した検証許可状により検証する場合には，その令状に夜間でも検証することができる旨の記載がなければ，夜間に検証をすることはできないとするものであるところ，これと趣旨を同じくする同法130条の定め（被告事件が係属しているいわゆる受訴裁判所が主体となって検証を実施する際の時刻制限）でも時刻の制限を受ける検証の客体は，あくまで「人の住居，人の看守する邸宅，建造物若しくは船舶」であり，人の身体は入っていません。このように，これらの規定に，人の身体が入っていないのは，一般的に夜間における住居等の立入りは，人の私生活の平穏を害することが著しいことから，夜間の令状の執行について，特にその必要性が認められない限り，その夜間の私生活の平穏をできる限り保護すべきだとするところからきています。ですから，人の住居等でない人の身体を検証の対象とする身体検査令状の執行の場合，時間的制約は受けないということになりますので，身体検査令状について夜間執行の必要性があっても夜間執行の許可は必要ないということになります。

身体検査令状の請求書に夜間執行を求める記載がある場合，裁判官によっては，夜間執行の部分のみ削除や撤回を求めるというところもあります。他方で，身体検査令状の請求に当たり，夜間執行を求めるということ自体は，必要でないにしても，請求を違法ならしめるものではなく，より慎重な請求をしているという見方もできるので，あえて削除や撤回までさせることなく，裁判官において夜間執行の許可の判断をしないという考え方もあるようです。

なお，身体検査令状に夜間執行の許可が必要ないからといって，その請求書の夜間執行を求める欄を空白にしておくと，記載漏れとの指摘を受けることがあります。そもそも身体検査令状に夜間執行の許可が必要ないのだから何も記載していないことを記載漏れと指摘するのはおかしいようにも思われます。しかし，特に令状受付の段階などでは，実質的な記載内容の適否ではなく，形式的な記載要件の充足を見ています。ですから，ここはやはり，夜間執行を必要としていない請求意思を明らかにする意味でも，「なし。」と記載するか，あるいは斜線を引いて請求者印を押印し削除している旨を明らかにしておいた方がよいものと思われます。

ちなみに，国税犯則嫌疑事件等の多くの行政上の強制調査令状では，夜間執行の許可に関し，刑訴法のように住居等の限定がないため，車両や人の身体であっても執行の着手が夜間に及ぶおそれがある場合は，全て夜間執行の許可が必要となります。

なお，本問では，酒酔い運転で被疑者を逮捕しており，強制採血のための身体検査令状と鑑定処分許可状も酒酔い運転の犯罪事実で令状請求すべきであり，飲酒検知拒否の犯罪事実による請求には問題があります（本書204ページ参照）。

第3　鑑定

1　鑑定に必要な処分

問題54

鑑定に必要な処分とは何か。

実際に鑑定処分許可状が必要になる処分にはどのようなものがあるか。

解　説

(1)　鑑定に必要な処分

鑑定とは，裁判所が裁判上必要な実験則等に関する知識経験の不足を補充する目的で，その指示する事項につき第三者をして新たに調査をなさしめて法則そのもの又はこれを適用して得た具体的事実判断等を報告せしめるものです（最判昭28. 2 .19)。その鑑定の目的を達するためには，嘱託を受けた鑑定人は，その目的に応じて，人の住んでいる住居等に立ち入ったり，身体を検査したり，死体を解剖したり，墳墓を発掘したり，物を破壊したりしなければならないこともあります。

こうした鑑定人による行為を「鑑定に必要な処分」と言いますが，いずれも人の住居の平穏を害し，そのプライバシーを犯したり，身体に対してエックス線を照射しあるいは採血をするなど健康に影響を及ぼしたり，死体を損壊したり，個人の財産権を侵害したりしますので，刑訴法において，鑑定に必要な処分として列挙して定め，事前に裁判官の審査を経てその許可状を受けることにより，その処分をすることができるとしています（刑訴法225条，同法168条)。

⑵　鑑定に必要な処分のうち鑑定処分許可状が必要なものは何か。

ア　文書偽造罪等における署名部分の筆跡鑑定等

筆跡鑑定については，鑑定資料を拡大して目視により特徴点や用字癖等を指摘するなどの方法や最近ではコンピュータによる画像解析等も行われていますが，いずれも署名部分等を破壊するような処分ではありません。このような場合は，刑訴法223条により，鑑定人に鑑定嘱託をすればよいのであり，特別の事情がない限り，これとは別に刑訴法225条による鑑定処分許可状は必要ないものと思います。

なお，偽造文書等の場合，筆跡鑑定に加えて，書面に付着している潜在指掌紋を検出するためにニンヒドリンのアセトン溶液を噴出して呈色反応をみることがあります。このような場合は，書面に青紫色の指掌紋の痕を残すことになりますので，鑑定処分許可状が必要なようにも思われます。しかし，例えば，融資詐欺等で被害者が銀行の場合，融資の申込書は銀行の所有物ですから，被害者である銀行の承諾があればおよそ権利侵害はないので不要ということになります。なお，通常は，有罪判決において偽造部分没収となり，その余の部分は所有者である銀行に還付されますが，呈色反応部分は銀行了解済みであれば，損壊等の問題は生じません。

イ　犯行現場に遺留された毛髪やタバコの吸い殻等の鑑定

これらの物は，破壊しなければ鑑定できないものですが，現場に遺留された毛髪やタバコの吸い殻は，社会通念上財産的価値はほとんど認められず，その遺留の状況にもよりますが，通常であれば，その所有者が権利を放棄したものと推認できるものであり，こうした証拠物の鑑定については鑑定処分許可状を得る必要はありません。

ウ　所有者不明の覚醒剤，拳銃，刀剣類等の鑑定

覚醒剤，拳銃，刀剣類等で所有者が不明で権利者の承諾又は放棄が得られないような場合は，鑑定処分許可状が必要となります。

しばしばみられる捜査の端緒としては，被疑者がいずれかに遺留し第三者が発見して遺失物として届け出たカバン等の中から上記のような違法薬物等が出てきた，あるいは長期間放置されていた車両について盗難車照会でヒットしたところ車両内検索で発見されたなどのケースがあります。

こうした物は，犯行現場等に遺留された法禁物とはいえ，前述した毛髪やタバコの吸い殻のような扱いをするわけにはいきません。

いずれも財産的価値のある重要な証拠物であり，没収の対象である犯罪組成物件又は犯行供用物件となり得る物でもあるので，鑑定の必要性は極めて高く，被疑者不詳として必ず鑑定処分許可状を得ておく必要があります。

エ　人骨等の鑑定

人骨等については，一般的に財産的な価値があるものではありませんが，遺族の宗教的感情等の側面から特殊な価値を有する物であるので，その鑑定処分には慎重を期し，原則としては，死体に準じて，遺族等が不明である場合はもちろん，遺族等の承諾が得られる場合であっても，鑑定処分許可状を得て実施した方が良い場合もあるものと思われます。

オ　死体の解剖

変死者や変死の疑いのある死体について検視（刑訴法229条）を行い，犯罪死の疑いがあると判明した場合，又は背部に刺創等があり切断されている死体など，検視を経るまでもなく明らかに他殺である場合は死体解剖が必要になりますし，この場合は，必ず鑑定処分許可状が必要になります。

カ　強制採血による鑑定

特に，道路交通法事犯（飲酒運転等）において，取締時に被疑者から酒臭がするなどして酒気帯び運転等の疑いがあるにもかかわらず，被疑者が呼気検査等を頑なに拒んだ場合，血中アルコール濃度を調べるために強制採血をした上で，その血液を鑑定しなければならないので鑑定処分許可状が必要となります。なお，この場合は，鑑定処分許可状のほかに身体検査令状が必要になります。

キ　毛髪採取による鑑定

覚醒剤の使用事案については，一般的に被疑者の尿を鑑定して，尿中の覚醒剤又はその代謝物を検出すればよいわけですが，被疑者が否認して採尿手続に問題がある場合や，長時間経過したため採尿しても覚醒剤の成分が残っている可能性が全くない場合であり，被疑者が他人に覚醒剤を使用させた被疑事実について否認し，被疑者自らも覚醒剤を使用したことも扱ったこともないなどと強弁しているような場合など，尿の鑑定をしても全く覚醒剤の反応が出ないようなケースでは，毛髪を採取して覚醒剤の使用歴を調べる必要が出ることもありますので，こうした場合は，鑑定処分許可状が必要になります。この場合も，強制採血と同様に鑑定処分許可状のほかに身体検査令状が必要となります。

ク　体腔内の異物の鑑定

被疑者が大麻等の薬物を密輸するに当たり，その薬物をビニール袋に包むなどして梱包した上で飲み込んで体腔内に隠匿して運搬するというケースがあります，このような場合，レントゲン照射や下剤を使うなどして体内にあるその薬物を探し出して体外に排出させて採取する必要があります。ここでは，採取すべき異物である薬物を捜索して押収する必要があるので捜索差押許可状が必要になりますが，レントゲン照射等は専門知識を持つ鑑定人が鑑定に必要な処分として行うものと同視できると考えられているので，鑑定処分許可状も必要になります。

2　鑑定嘱託事項

> 問題55
>
> 鑑定処分許可請求書には，鑑定嘱託事項を記載しなければならないのか。鑑定処分許可状はどうか。

解　説

(1)　鑑定嘱託事項

鑑定嘱託事項は，刑訴規則上，鑑定処分許可請求書の記載事項ではありませんし（刑訴規則159条１項参照），刑訴法上も鑑定処分許可状に鑑定嘱託事項を特定したり記載したりすることは要求されていません（刑訴法225条，同法168条参照）ので，直接の明文の規定はありません。

あえて根拠を挙げるとすると，検事総長の一般的指示に基づいた「司法警察職員捜査書類基本書式例」において鑑定処分許可請求書の書式として「鑑定嘱託事項」の記載が定められていますので，これによるということになります。

また，犯罪捜査規範によれば，捜査機関が鑑定人に鑑定を嘱託する場合，その鑑定嘱託書には，鑑定事項を記載しなければならない旨が定められています（同規範188条１項３号）。

このように，刑訴法及び刑訴規則において，直接の明文規定は欠きますが，鑑定嘱託事項は，実質的に見ても，鑑定処分との関係において，処分の必要性等を検討する上で有益な判断材料になりうるものですし，鑑定処分許可状の作成についても請求書を引用する扱いをとっている裁判所であれば，許可状の記載事項ではないものの，許可状においてあらわれているわけですから，やはり鑑定処分許可請求書に間違いのないように記載しておく必要があります。

また，その記載内容は，鑑定嘱託書の鑑定事項と同一内容であることを要しますから，鑑定嘱託書の起案の段階から鑑定事項について遺漏のないよう捜査上鑑定を必要とする事項を簡明に記載しなければなりません。

(2) 鑑定嘱託事項の項目例

鑑定嘱託事項の項目例としては，実務的には，以下のようなものがあります。

ア 人体に関するもの

① 死体の解剖

死因，損傷の部位，形状，程度，成傷器具の種類及び成傷の方法，死後の経過時間及び死亡推定時刻，血液型

② 嬰児死体の解剖

死因，発育程度，生死産の別，損傷の有無，部位，性状，発生原因，死後の経過時間，血液型

③ 骨の鑑定

人骨であるか否か，人骨である場合１人の骨か２人以上の骨か，男女の別，推定年齢，損傷の痕跡の有無，生前の身長，その他の個人的特徴，死後の経過日数（月数，年数）

イ 薬物に関するもの

① 覚醒剤か否か，覚醒剤であればその種類，名称，重量

② コカインか否か，コカインであればその種類，名称，重量

③ 大麻か否か，大麻であればその重量

ウ 化学に関するもの

① トルエン，酢酸エチル，メタノール含有の有無

② 油類付着の有無，あればその種類，名称

③ アルコール含有の有無，あれば血液１ミリリットル中の含有量

エ 法医に関するもの

① 血液付着の有無，あれば人血か否か，人血であれば血液型

② 人精液付着の有無，あれば血液型

オ 銃器，実包，刀剣類に関するもの

① けん銃の発射機能の有無，あればその威力

② けん銃の火薬燃焼残渣（ＧＳＲ）付着の有無

③ けん銃の犯罪経歴の有無

④ 実包であるか否か，実包であればけん銃に適合するか否か

⑤ 刃物は鋼質性であるか否か

以上の個別の鑑定ごとの鑑定嘱託事項に加えて，一般的には「その他参考事項」を加えられていることがほとんどです。

薬物鑑定などの場合は，特に，その形状や色調からだけでは，覚醒剤なのか，その他の麻薬なのか判別が困難なこともありますので，その他参考事項で補わざるを得ないこともあります。

ただ，その場合でも，その他参考事項とは，鑑定嘱託事項として明記された事項に準ずるものということになるのであり，これと大きくかけ離れた鑑定事項を含んでいるものではないものと理解すべきだと思います。

3　死体解剖の鑑定処分許可状の請求

問題56

令和２年10月14日午後２時30分頃，東京都北区王子２丁目○番○号○○アパート101号室において，一人暮らしの87歳の老婆（○○花子）が死亡していたのを，訪問してきた民生委員が発見し，警察に通報した。民生委員によれば，３日前の11日午後３時頃に同室を訪問したときには，老婆は元気にしており，また老婆にはこれまで特別な持病はなく，別居の子供らや近隣トラブルなどもないとのこであった。老婆の遺体には目立った外傷もなかったことから，警察としては，明らかな犯罪死ではないものの，検事指揮により変死体として代行検視を行った上で，死体解剖の鑑定処分許可状の請求をすることとした。このような鑑定処分許可状の請求については，いかなる観点から審査がなされ許可状の発付が認められるのか。

解　説

一般的に，鑑定処分許可状の請求が認められ，これが発付されるための要件としては

①　被疑者が犯罪を犯したと思料される嫌疑，つまり捜索差押許可状等の請求の場合と同程度の嫌疑（刑訴規則156条１項参照，ただし鑑定処分許可状の請求については明文の規定なし）

②　鑑定のための処分の相当性（刑訴法225条３項）

③　鑑定のための処分の必要性（刑訴法168条１項）

が挙げられます。

まず①の要件について審査します。

本問のような一人暮らしの老婆の死体の発見を端緒として捜査が開始されることはよくありますが，この老婆の場合，目立った外傷もなく，他殺を疑わせるようなトラブルなどの事情も認められないことから，明らかな犯罪死とみることはできず，変死体ということになります。このような場合であっても，死体解剖によって死因等を調べなければ，犯罪死でないことを確定することできません。また，死亡者の死後，できるだけ速やかに解剖しなければならないので，鑑定処分許可状の請求段階では，捜査資料が十分に揃っておらず，その犯罪事実の構成やその嫌疑の疎明は，わずかな捜査資料によらざるを得ません。

以上のような事情から，明らかな犯罪死と認められないようないわゆる変死体の死体解剖に関する限りは，犯罪事実の特定や嫌疑の程度についての疎明は，あまり厳格に考える必要はないとされています。できる限りの犯罪事実の特定ということでは，まず被疑者については「被疑者不詳」，日時に関しては，目撃者等による死亡者の最後の生存を確認できた日時を殺害行為の始期として，また，変死体が発見された日時をその終期とし，犯行場所については，死体発見場所，犯行方法については「何らかの方法により」犯罪結果としては「殺害したものである。」として構成することになります。本問を基に具体的に殺人被疑事件として犯罪事実を記載してみますと次のようになります。

犯罪事実の要旨

被疑者不詳は，令和２年10月11日午後３時頃から同月14日午後２時30分頃までの間に，東京都北区王子２丁目○番○号○○アパート101号室において，○○花子（当時87歳）を，何らかの方法により殺害したものである。

本問の事例を殺人被疑事件とした場合の嫌疑の程度としては，生きている人は何らの理由なく死亡するものではないところ，その死体が発見された日からわずか３日前には生存していたのですから，その犯罪性は否定できず，また，死因不明で死者が存在しているという客観的に明らかな法益侵害の結果が発生しているのですから，ここにおいて嫌疑が認められるということになろうかと思います。

次に②の相当性について審査します。

①の要件審査において，殺人被疑事件として，鑑定処分許可状の請求段階において，収集された疎明資料を基にできるだけ犯罪事実が特定されて，その嫌疑が認められれば，その死体について死因，自他殺の別，その他の鑑定事項とされた鑑定のためには，死体を損壊して解剖する以外に適当な方法はないこと，解剖の客体は既に死亡しており，通常，葬儀のための修復等をし遺族らの感情をできるだけ害しない配慮ができているであろうし，あとは埋葬されるだけであるので，死体の損壊についての新たな権利侵害の程度は，さほど高いものとはいえないことなどからすれば，死体解剖は，その事案を解明するために相当な強制処分であるといえますので，相当性も認められることになります。

最後に，③の必要性の審査です。

死体は，死後の時間経過とともに変化し，腐敗し，その状況がどんどん変わっていきます。ですから死体発見後，できるだけ速やかに解剖する必要があります。また死体は，通常，殺人，傷害致死等の重大事案に関わるものであり，そのような事案においては，最も重要な証拠方法です。仮に，解剖しないまま火葬されたなどとなった場合は，もはや取り返しのつかないことになりますので，死体状況が変化する前に，また腐敗する前に，そして火葬の前に，解剖する必要があるのであり，一般的にその必要性は高いということになります。

以上のような観点から審査され，請求の許否が決せられるわけですが，一般的に，本問のような変死体の事案では，犯罪の特定や嫌疑の程度等について，他の令状請求に比べてあまり厳格に考えられていないからといって，雑な請求にならないようにしなければいけません。

疎明資料についても，死体発見報告書はもとより，最後に生存確認をした目撃者の聴取報告書，同居・別居の家族からの生活状況の聴取，持病がある場合の通院先の医師からの聴取，カルテ等の取り寄せ，近隣住人からの聴取等，令状請求に至るまで，できる限りの疎明資料を収集して添付するべきでしょう。

4　鑑定人の変更

問題57

傷害致死事件で，死因を解明するために被害者の死体を解剖する必要が生じ，A医師に鑑定嘱託をして，鑑定処分許可状を得たが，急にA医師の都合が悪くなり，B医師に対し改めて鑑定嘱託をしたような場合，どうすべきか。

結　論

B医師を鑑定人とする新たな鑑定処分許可状を請求し，その発付を受ける必要があります。

解　説

本問のような場合，上記結論のほかに，鑑定処分許可状の鑑定人をA医師としたまま，B医師による死体解剖が可能とする考え方（甲説）や，鑑定処分許可状の鑑定人記載欄をB医師に変更請求をする方法によるとする考え方（乙説）があります。

甲説の考え方は，少なくとも鑑定処分としての死体解剖について裁判官から許可が出ているのだから，死体解剖自体は許されていると解し，鑑定人をA医師と同じ資格を持つB医師に変更する場合には，B医師を鑑定人とする新たな鑑定処分許可状は不要ではないかというものです。しかし，死体解剖に係る鑑定処分許可状の請求を受けた裁判官は，当該請求書記載の鑑定人について審査をし，同鑑定人に限って鑑定処分を許可して，鑑定処分許可状を発付しているのですから，鑑定人が変更された以上，古い方の鑑定処分許可状で死体解剖を実施することはできません。

また，乙説のような既に発付されている鑑定処分許可状の鑑定人記載欄の変更の請求は，鑑定人記載欄が令状の本質的部分であり変更はできないものと考えられています。言うまでもありませんが，最初の許可状発付時はＡ医師で誤りはなかったですし，仮に誤りであったとしても明かな誤記とは言えません。ですから，これらを前提とする更正決定（刑事では法令上の根拠はありませんが，実務的に認められる場合があります。）もできませんので，その申立てもできないということになります。

結局，Ａ医師からＢ医師に変更になる場合は，鑑定人欄の記載事項の変更等は許されず，結論のとおり，Ｂ医師を鑑定人とする新たな鑑定処分許可状を請求した上，その発付を得て解剖しなければならないということになります。

なお，この場合，前に発付を受けたＡ医師を鑑定人とする旧鑑定処分許可状を裁判所に返還しなければならないか，一応問題となります。

といいますのは，逮捕状や捜索差押許可状等は，刑訴規則157条の２により，有効期間内であっても，その必要がなくなったときには直ちに裁判所に返還しなければならない旨を令状に記載しなければならない旨の定めがあるところ，鑑定処分許可状ついては，刑訴規則133条１項に，有効期間経過後は，許可された処分に着手することができず裁判所に令状を返還しなければならない旨の記載を許可状にしなければならない旨定めているのみで，有効期間内の返還についての明確な定めがないからです。つまり，有効期間内の鑑定処分許可状の返還の要否が，条文そのものからストレートに出てきません。

しかし，そもそも，一般に，令状は権利侵害のおそれのあるもので必要のないものは直ちに返還を要するものであり，逮捕状等の返還の趣旨からして，同一の鑑定資料に対する新たな鑑定処分許可状の再請求の際には，旧許可状が有効期間内であっても直ちに裁判所に返還するべきと考えられますし，実務も概ねそのように扱われているものと思われます。

５　鑑定処分許可状の有効期間

問題58

鑑定処分許可状の有効期間について，７日を超える必要がある場合とは，いかなる場合が考えられるか。

解　説

実務的には，鑑定処分許可状について７日間の有効期間を超える請求が必要となる事例は多くはありません。

これまであった事例としては，次のようなものがありました。

国外において邦人が殺害された殺人事件で，死体の搬送及び国内の空港への到着予定が概ね決まっていても，なお現地の外国司法当局との間の死体の引渡し，空輸手続等に関して交渉・確認を要するなど不確定要素があったところ，あらかじめ鑑定処分許可状の交付を受け，その写しを所要の手続において疎明資料などとして使用する必要があるために７日以上の日数を要するといった事例でした。

このような場合は，現地の情報を踏まえ，相当日数を要する旨を報告書に記載した上，これを疎明資料として添付しておく必要があります。

また，別の事例では，知的障害者施設の入所者である被害者が高度知的障害のために抗拒不能であったことに乗じて，同施設の職員が，その被害者と性交して妊娠させたという準強制性交等被疑事件について，被害者に人工妊娠中絶をさせた上，その胎児死体から血液及び皮下組織を採取し，血液型やＤＮＡ型を調べるという鑑定処分許可状の請求で，被害者の子宮口拡張処置を経て出産誘発を開始する行程で人工妊娠中絶に着手する予定であったところ，その進捗状況によっては，鑑定処分許可状の執行が遅れるおそれがあるため，有効期間を２週間とする必要があるというものでした。

この鑑定処分の客体は，胎児死体ですから，当然のことながら，被害者及びその法定代理人等の保護者の承諾の下に行われる人工妊娠中絶がうまくいき，胎児が母体外に出産されなければ鑑定処分は執行できないわけです。人工妊娠中絶は，母体の体調等を見極めながら行う必要があるわけですから，有効期間についてもある程度の余裕を持たせる必要があるものと思います。

こうした場合，鑑定嘱託を受けた鑑定人又は被害者の主治医等から，被害者の現在の体調，人工妊娠中絶の行程，これにかかる期間の見込みなどについて医学的見地からの意見を聴取して報告書にした上，請求時に疎明資料として添付する必要があります。

6　公訴提起後の鑑定

問題59

２か月前に頭部を殴打して頭蓋骨々折の傷害を負わせた傷害被告事件について，第１回公判終了の数日後，頭部外傷に起因することが疑われるくも膜下出血により被害者が死亡したことから，被害者の死体を解剖したいが，いかなる対応が考えられるか。

結　論

次の(1)，(2)，(3)の対応が考えられます。

(1)　検察官が，受訴裁判所に対し，証拠調べの一環として鑑定を求め，受訴裁判所において，弁護人の意見を聞いた上で，鑑定人に鑑定を命じ（刑訴法165条），鑑定許可状を発付し（刑訴法168条２項），鑑定人に死体を解剖させる。

(2)　検察官が，受訴裁判所及び弁護人の了解を得た上で，犯罪事実を公訴事実（傷害被告事件）として，受訴裁判所以外の裁判所の裁判官（以下「令状裁判官」という。）に鑑定処分許可状を請求し，鑑定受託者に死体を解剖させる。

(3)　検察官が，司法警察員を指揮して，令状裁判官に，犯罪事実を殺人として，令状裁判官に鑑定処分許可状を請求させ，鑑定受託者に死体を解剖させる。

解　説

本問では，２か月前に発生した傷害事件の第１回公判の数日後という比較的短期間のうちに，しかも傷害被告事件との因果関係が疑われる傷病により被害者が死亡していることから，傷害と死亡との間に因果関係がある蓋然性が相当程度あるようにも思われます。

こうしたことから，検察官としては，本件につき傷害致死への訴因変更の要否検討のために，結論(1)のように，受訴裁判所に対し，死体解剖をしたいとして，鑑定を求めることが考えられます。この場合の請求については，公訴が提起され第１回公判後の証拠調べの段階に入っての受訴裁判所に対する証拠調べの一環としての鑑定ですから，本来の手続であり，特に問題はありません。

公訴提起後，特に，第１回公判後の証拠調べに入った段階で，令状裁判官に，公訴事実について鑑定処分許可状の請求をすることには，問題がありますが（本書112ページ参照），結論(2)のように，受訴裁判所及び弁護人からその旨事前に了解を得ていれば，検察官又はその指揮を受けた司法警察員が令状裁判官に鑑定処分許可状の請求をすることはかまわないものと思います。この場合，当然のことですが，請求に当たって，公判審理の状況や受訴裁判所及び弁護人が了解していることの疎明資料（聴取報告書等）が必要になってきますし，令状裁判官においても，それらの疎明資料に基づき，必要に応じて受訴裁判所等に確認をすることになります。

もう一つの方法として考えられるのが，結論(3)のように，新たな殺人事件として立件し，死体解剖の鑑定処分許可状を令状裁判官に請求する方法です。ただし，この方法は，いかなる場合も可能とすべきではありません。これを安易に認めることになると，公訴提起後の令状請求について抜け道を作ってしまうことになりかねないからです。

本問では，たまたま公訴事実に係る被害者の傷害が頭蓋骨々折だったので，これが死因となったくも膜下出血を引き起こす原因となったとの疑いはあるわけで，まずは，これに関連づけて，結論(1)又は(2)のような対応をとるべきです。しかし，いかなる場合も結論(1)又は(2)のような対応をとるほかないとして硬直な判断に陥ることもよろしくありません。犯罪事実の嫌疑によっては，公訴事実の傷害以外の傷病に起因している場合や治療に当たった医師による医療過誤などを疑うべき場合もあるのであり，それが死体解剖をして，その捜査を遂げなければ，事案の真相は解明できないということであれば，新たな殺人事件として立件する必要が出てきます。その場合は，本件公訴事実とは関係なく，殺人事件の鑑定処分許可状を請求するということになることもあります。

いずれの方法によるべきかは，犯罪事実の嫌疑が公訴事実に係る傷害と関連しているか否か，関連性が認められる場合のその程度，新たな犯罪事実である疑いの強弱，公訴事実に関連するのであれば，その時の公判審理の状況，受訴裁判所や当事者の意向等を踏まえて判断することになります。

第４　強制採血

問題60

都内某所において，深夜，警ら用無線自動車でパトロール中，やや蛇行気味で異常な低速走行をしている普通乗用自動車が一方通行を逆行したことから，取締りのために停止を求めた。甲巡査部長の求めに応じて，運転手Ａが運転席窓を開けたところ，強い酒臭を感じたことから甲巡査部長において「運転手さん，お酒飲みましたね。免許証を拝見します。」と尋ねると，Ａは「少しだけ飲んだよ。」と言いつつ，素直に免許証を提示した。その後，甲巡査部長は，Ａに対し，呼気検査を求めたところ，Ａは拒否したことから，甲巡査部長において応援要請するとともに説得を続けた。しかし，Ａの呼気検査拒否の態度は全く変わらないどころか，さらに強硬になっていったことから，Ａについて「被疑者は，令和２年○月○日午前○時○分頃，普通乗用自動車を運転し，東京都○○区・・・先路上において停止した際，警察官が，被疑者が酒気を帯びて引き続き同自動車を運転するおそれがあると認めて，その身体に保有しているアルコールの程度について検査するため，政令で定めるところにより，同人に呼気検査を求めたのに，その検査を拒んだものである。」との呼気検査拒否罪の犯罪事実の要旨で，強制採血の令状請求をすることとした。

⑴　強制採血は可能か。

⑵　強制採血にはいかなる令状が必要か。

⑶　犯罪事実の要旨は，呼気検査拒否罪で問題はないか。

結　論

⑴　強制採血は可能です。

⑵　身体検査令状と鑑定処分許可状が必要となります。

⑶　呼気検査拒否罪を犯罪事実とするのでは，令状の必要性の観点から問題があるとされることがあります。

解　説

⑴　強制採血は可能か。

道路交通法上の酒気帯び運転や酒酔い運転などは，被疑者の血液中のアルコール濃度が犯罪構成要件となっているか，もしくは犯罪の成否を判断する上で非常に重要な要素となっています。この血液中のアルコール濃度を調べるための簡易な方法として，呼気アルコール濃度を調べる呼気検査があるわけですが，この方法は，基本的に被疑者の任意の承諾の下で行われるものであり，被疑者がこれを頑なに拒んでいるような場合は，事実上，直接強制は困難です。

そこで強制採血が可能かということになります。

血液の採取は，注射針を腕の血管に穿刺（せんし）するなどの身体に対する侵襲がありますが，医師等の適切な採血手技によるのであれば，その身体に対する損傷は最小限に抑えられますし，その採取量も必要最低限の量（通常は４ミリリットルを超えない範囲とすることが多い）であれば，通常，人の健康を害するようなこともなく，採尿などと異なり羞恥心等を与えるということもほとんどありません。他方で，本問のように，被疑者が強行に呼気検査拒否をしている場合，体内に保有するアルコールは時間とともに代謝していきますので，その意思に反しても血液を採取し，鑑定に付す必要性は高いと言えます。以上から，任意の承諾が得られない場合は，強制採血は可能と考えられています。ただし，強制採血は，強制処分ですので，裁判官の発する令状が必要となります。

(2) 強制採血のために必要な令状

強制採尿の場合には，捜索差押許可状によりますが（最一小決昭55.10.23），これは，尿がいずれ体内から排泄されるものであり，それ自体が人の健康を維持する上で価値のない不要なものであるためです。ところが，血液は，同じ人から作られる体液の一種ですが尿とはその位置づけが全く異なります。血液は，人の健康の維持のために不可欠な人体の構成部分の一部である肉体そのものであり，いかに刑事手続とはいえ，これを捜索差押の対象とすることは相当ではないと考えられています。

結局のところ，血液の採取は，その鑑定のために行われるものであり，その採取には医療の専門知識を有する医師等による必要があるので，鑑定処分許可状によるべきだと考えられています。ただ，鑑定処分許可状は，刑訴法225条４項が同法168条１項６項を準用していながら，同法172条を準用していないことから，鑑定処分許可状だけでは直接強制ができないとして，これと併せて身体検査令状も必要であるとするのが現在の実務です。身体検査令状であれば，同法222条１項で，同法139条を準用していることから直接強制が可能となると考えられています。

(3) 犯罪事実を呼気検査拒否罪とすることの当否

呼気検査拒否罪が成立するためには，運転者が酒気を帯びていると疑うべき徴候が存在すれば足り，必ずしも身体にアルコールを保有していることを要しないと解されています（東京高判昭58．９．６）。つまり，「酒気を帯びて車両等を運転するおそれがあると認められるとき」の立証は，被疑者の呼気から認められる酒臭，顔色，直立歩行等の状況，その他の言動等（以下「被疑者の身体状況等」という。）によることで十分であって，身体の侵襲を伴う強制採血まで行う必要性が低いと判断されることがあります。

ですから，強制採血の令状請求をする場合，その犯罪事実の要旨を呼気検査拒否罪とするよりは，酒酔い運転罪又は酒気帯び運転罪とするべきでしょう。これに関し，犯罪事実の疎明が問題になりますが，酒酔い運転罪の事実であれば，前述した被疑者の身体状況等を見分し，酒酔いと認められれば，これを疎明資料とすればよいですし，酒気帯び運転の場合は，政令で定める身体のアルコール保有量が問題となりますが，これも，被疑者の身体状況等から，政令の定める最低濃度に達している疑いがあれば，それを見分して疎明資料とすればよいのです。強制採血の令状請求の段階では，あくまでその犯罪事実について被疑者が罪を犯したと思料されるべき資料を提供すればよいのであって（刑訴規則156条１項），被疑者を逮捕する程度の相当な嫌疑までは求められていません。

なお，被疑者の身体状況等から，仮に酒酔い運転までは認められずに，酒気帯び運転の事実で，犯罪事実を構成する場合，その事実は，「被疑者は，酒気を帯び，呼気１リットルにつき0.15ミリグラム以上のアルコールを身体に保有する状態で，令和２年○月○日午前○時○分頃，東京都○○区・・・先路上において，普通乗用自動車を運転したものである。」とします。これに関し，まだ呼気検査をしていないから，「呼気１リットルにつき0.15ミリグラム以上のアルコールを身体に保有する状態で」と断定することはできないとして，「・・・身体に保有すると思われる状態で」などとしてはなりません。

この犯罪事実は，飽くまで，このような事実で令状請求をするというわば請求側の主張であり，犯罪構成要件にそって具体的事実を摘示すればよいのであって，立証の程度によって事実を変えるというのはおかしいので注意が必要です。

第５　毛髪の強制採取

問題61

任意の採尿に応じた被疑者の尿を鑑定したところ，覚醒剤の反応が出たことから，被疑者を通常逮捕したが，被疑者は，これまでに一度も覚醒剤を使用したことがなく，知らない間に第三者によって取り込まれたなどと弁解していた。被疑者の覚醒剤使用歴を調べるために毛髪鑑定をしたい。

(1)　毛髪の強制採取は可能か。

(2)　毛髪の強制採取にはいかなる令状が必要か。

結　論

(1)　毛髪の強制採取は可能です。

(2)　身体検査令状と鑑定処分許可状が必要となります。

解　説

(1)　毛髪の強制採取は可能か。

毛髪鑑定の場合，仮に覚醒剤の使用が認められたとしても，尿と異なり，その使用期間についてかなりの幅があるため，通常，覚醒剤を含め薬物使用の立証に用いられることはほとんどありません。しかし，本問にあるように，被疑者の尿から覚醒剤の反応が出ているにもかかわらず，被疑者が使用した事実を否認しているような場合には，毛髪鑑定によって相当期間にわたり常習的に覚醒剤の使用が認められるなどすれば，被疑者の弁解を覆す証拠となり得ます。また，このような薬物事案のみならず，例えば，犯行現場に残された毛髪と被疑者の毛髪の異同を調べ，その犯人性立証のために毛髪鑑定は有効な証拠となり得ます。

そこで，被疑者が，毛髪鑑定のために，毛髪を採取することを拒否した場合，強制的にその毛髪を採取することができるかですが，結論としては，できるということなります。

上記のとおり，毛髪鑑定は，薬物使用事実の立証等について有効な証拠となり得ることがあり，他方で，毛髪は，身体の一部ではあるものの，やがては自然に脱落するものであり，通常は，容貌上や生活上の理由から定期的に切り取るなどされ，血液などと異なり生命を維持するのに不可欠のものではないこと，その採取についても，途中で数十本程度を切り取って採取するなどの方法によるのであれば，身体に与える影響もほぼなく，容貌等を変えることもほとんどないことなどから，強制処分として許容されるものと考えられています。

以上から，任意の承諾が得られない場合は，毛髪の強制採取は可能と考えられています。ただし，毛髪の強制採取は，強制処分ですので，裁判官の発する令状が必要となります。

(2) 毛髪採取のために必要な令状

前述したように毛髪が，やがては自然に脱落していくものとはいえ，尿のように全く無価値で対外に排出される排泄物とは異なり，人の容貌にかかわり，その頭部を保護するなどの役割もあるので，尿と同列に捜索差押許可状によって差し押さえることができる物と考えることはできません。毛髪の採取が，その鑑定を行うために行われるものであり，その採取については，採取部位，採取本数，採取方法等について，専門的知識と技術が必要であることなどからすると鑑定処分許可状によるべきだと考えられています。ただ，鑑定処分許可状は，刑訴法225条４項が同法168条１項６項を準用していながら，同法172条を準用していないことから，鑑定処分許可状だけでは直接強制ができないとして，これと併せて身体検査令状も必要であるとすることについては，強制採血と同様です。

以上のとおりであり，毛髪の強制採取については，鑑定処分許可状と身体検査令状によるべきとの考えが一般的であり，実務も概ねこれによっています。

(3)　鑑定処分許可状と身体検査令状のそれぞれの記載

ア　鑑定処分許可状

鑑定処分許可状の「検査すべき身体」欄には「被疑者の身体（毛髪）」と，「身体の検査に関する条件」欄には「毛髪約50本を醜状や皮膚の損傷を生じないように切り取って採取すること」などと記載します。この記載例は，薬物使用事実の有無を調べるための鑑定であり，この場合，通常，毛根の採取までは必要ないので，鋏等で切り取る方法によることが可能であり，その本数も50本程度で足りるとされていることによります。

イ　身体検査令状

身体検査令状の「検査すべき身体」欄には「被疑者の身体」と，「身体検査に関する条件」欄には「毛髪約50本を醜状や皮膚の損傷を生じないように切り取って採取するのに必要な限度」などとします。

なお，令状請求に当たっては，毛髪の採取方法や採取する必要な本数などは，あらかじめ鑑定人等から聴取するなどして報告書にして疎明資料化しておいた方がよいでしょう。

第４編　行政上の強制調査令状

第４編　行政上の強制調査令状

本編では，仮釈放中の者が居住すべき住居に帰住するなどせず所在不明になった場合に，保護観察所長が，その身柄を引致するための引致状，証券取引等監視委員会や国税局等が犯則事件を調査するための臨検捜索差押許可状，税関のいわゆるコントロールドデリバリーのための臨検捜索差押許可状，入国警備官による入管法違反犯則事件の調査のための臨検捜索差押許可状のほか，警察官職務執行法上の保護許可状，少年法上の触法少年事件の令状に関する基本事項確認を含めた諸問題を取り上げました。

上記の各令状は，刑事事件の捜査・公判を目的にしたものではなく，一種の行政手続によるものですので，本書では，これらの令状を「行政上の強制調査令状」と呼んでいます。

本編で取り上げた諸問題も，実際にあった令状実務の現場であったものを素材にしているものであり，各種令状の請求，審査，執行等において参考になれば幸いです。

第１　保護観察・引致状

１　手続の流れ

問題62

有期懲役刑の受刑者が仮釈放され，その後，あらかじめ定められた呼び出しの日に出頭せず，居住すべき住居である保護施設に帰住しないことなどから，保護観察所長から引致状が請求されることがあるが，仮釈放から引致状の請求・発付・執行，その後の留置に至るまでの一連の流れはどのようになっているのか。

解　説

(1)　実刑判決の言渡しから仮釈放の決定まで

実刑判決の言渡を受けて，その判決が確定すると，検察官の執行指揮により，その刑の執行が開始されます（刑訴法471条，同法472条）

その後，仮釈放が認められるためには，まず，法定の要件として，刑法28条に定める改悛の状と刑期の３分の１を経過したこと（無期懲役の場合は10年の経過）が必要になります。

刑事施設の長が，前記期間の経過を地方更生委員会（以下「地方委員会」という。）に通告し（更生保護法（以下「法」という。）33条），その後，法務省令に定める基準に該当すると認められる者について，刑事施設の長から地方委員会に対し，当該受刑者について，仮釈放を許すべき旨の申出をします（法34条１項）。地方委員会は，上記申出を受け，当該受刑者たる審理対象者との面接や被害者等からの意見及び心情の聴取（法37条，法38条）を行い，仮釈放が相当であると認めたときは，居住すべき住居を特定するなどして仮釈放を許す処分を決定をもってすることになります(法39条１項，３項)。

⑵　事故報告から保護観察の停止決定まで

仮釈放後に，保護観察官が，仮釈放を許す処分を受けた者（以下「仮釈放者」といいます。）について，居住すべき住居の家族等から仮釈放者が所在不明になったなどの連絡を受けると，保護観察官は，仮釈放者の所在調査を開始します。

その所在調査の結果，仮釈放者の所在が判明しないとなると，保護観察所長の申出により，地方委員会は保護観察の停止決定をします（法77条１項)。この保護観察停止決定がなされ，決定謄本が仮釈放者本人の住居宛てに郵便で発送され，その発送日から５日を経過したとき，保護観察停止決定が確定して，仮釈放者の刑期が停止し，宣告刑にあわせた刑の時効が進行します（法77条５項，刑法32条)。

⑶　引致状の請求・発付・執行まで

通常，保護観察所長は，保護観察停止決定がなされると，所在不明の仮釈放者について引致状を管轄の地方裁判所，家庭裁判所又は簡易裁判所の裁判官に請求し，この請求を受けた裁判官が審査をした上で引致状を発付します（法63条４項)。なお，引致状の請求・発付は，本問にあるように，所在不明となり，正当な理由がないのに居住すべき住居に居住しないことなどを要件としているであり（法63条２項)，保護観察停止決定が出ていることは必ずしも必要ありません（本書218ページ参照)。

仮釈放者が引致状により引致されると，引致のときから24時間以内に仮釈放者を釈放しなければなりません。ただし，地方委員会による仮釈放取消の審理を開始する場合は，仮釈放者について10日以内の留置をすることができます（法63条８項，法76条，法73条）。

2　停止決定との関係

問題63

仮釈放者が，遵守事項を遵守せず又は帰住地に帰らず所在不明になったことなどを理由として，保護観察所長が引致状を請求する場合，その前提として保護観察停止決定が出ていなければならないか。

結　論

保護観察所長による仮釈放者に対する引致状の請求は，更生保護法(以下「法」という。) 63条２項各号に該当する事由があればできるので，保護観察停止決定が法律上の要件になっているわけではありません。

ただし，刑の時効，本来の刑期終了との関係で，保護観察停止決定の効力発生日を確認する必要がある場合があります。

解　説

(1)　引致状請求と保護観察停止決定の関係

通常，保護観察所長は，仮釈放者が所在不明になるなどの事故報告を受けると，事実調査をした上で，保護観察停止決定を申し出て，同決定を受けた上，所在不明等の仮釈放者について引致状を管轄の簡易裁判所等の裁判官に請求し，この請求を受けた裁判官が審査をして引致状を発付します（法63条４項)。

ですから，ほとんどの場合，引致状請求に先立って，保護観察停止決定が出されているので，同決定がなければ引致状請求ができないかのようにも思われます。

しかし，引致状は，あくまで，法63条２項各号の事実，つまり，仮釈放者において，正当な理由がないのに住居に居住しないとき，又は遵守事項を遵守しなかったことを疑うに足りる十分な理由があり，かつ正当な理由がないのに，出頭命令に応じないときなどの事実が認められる場合に請求できるものであり，保護観察停止決定は，引致状請求の要件とされていません。

⑵　引致状請求に当たり，保護観察停止決定がなされている必要がある場合

ただし，以下のとおり，ア　引致状請求が本来の刑期の終了後である場合（刑期終了との関係），イ　仮釈放者の所在が長期にわたり不明で，引致状の発付が重ねられている場合に刑の時効が完成していないかを確認する場合（刑の時効との関係），保護観察停止決定の効力発生日を確認する必要があるので，以上の場合には，保護観察停止決定とその効力発生日が重要な疎明資料となります。

ア　本来の刑期終了との関係

本来の刑期が終了していると，そもそも仮釈放者を引致する理由がなくなるので，引致状が請求できなくなりますが，本来の刑期の終了前に，保護観察停止決定の効力が発生していれば，本来の刑期の進行は停止します（法77条５項）ので，刑期は終了せず引致状の請求はできるということになります。

ですから，引致状の請求日において，本来の刑期が終了している場合は，保護観察停止決定が出ているかどうかが，大変重要な事実になるわけです。

ここで一つ注意しておかなければならないことがあります。それは，刑期の進行が停止するためには，保護観察停止決定がなされているだけでは足りず，本来の刑期が終了する前に，仮釈放者

に，その決定が口頭で言い渡されているか，又は決定書の謄本が送付されているかのいずれかの方法により告知することによって，その効力が発生していなければならないということです（法27条１項，２項）。

これに関し，しばしばある例として仮釈放者が居住すべき住居に居住せず所在不明になるケースですが，このような場合，決定書の謄本を居住すべき住居宛てに書留郵便等の所定の方法で発送すれば，その発送の日から５日を経過した日に仮釈放者に送付があったものとみなされますので（法27条４項），これによって仮釈放者に告知がなされたこととなり，決定の効力が発生することになります。

ですから，仮に保護観察停止決定がなされていても，その決定謄本の発送から５日を経過した期間が本来の刑期終了日を超えていれば，もはや引致状請求はできなくなりますので，特に本来の刑期終了日間近に保護観察停止決定がなされているようなものについては，引致状の請求・発付に関し，保護観察停止決定の効力発生日について注意する必要があります。

以上をまとめると以下のようになります。

1　引致状請求日において本来の刑期が終了していない場合

保護観察停止決定がなされていなくとも，引致状の請求・発付はできる

2　引致状請求日において本来の刑期が終了している場合
（仮釈放者所在不明で，住居地に決定謄本を発送）

①　保護観察停止決定がなされていること
②　同決定謄本が仮釈放者の住居地宛てに発送された後，５日が経過していること
③　②の経過が本来の刑期終了前であること
①＋②＋③　→　引致状の請求・発付可能

イ　刑の時効との関係

前述したとおり，保護観察停止決定は，その効力発生日から刑期の進行は停止しますが，それとともに，刑の時効が進行を開始します（刑法32条）。仮釈放者が長期間にわたり所在不明で，引致状の更新請求・発付が何年にもわたってなされている事件については，刑の時効が完成していないか注意をする必要がありますが，

その刑の時効の起算点が，保護観察停止決定の効力発生日になるので，これをよく確認する必要があります。

刑の時効期間は，法定刑によっている公訴時効とは異なり，宣告刑ごとに，以下のように定められています。

宣告刑	期間	刑法32条
無期懲役又は禁錮	30年	1号
10年以上の懲役又は禁錮	20年	2号
3年以上10年未満の懲役又は禁錮	10年	3号
3年未満の懲役又は禁錮	5年	4号
罰金	3年	5号
拘留，科料，没収	1年	6号

実務的には，窃盗，覚醒剤等の薬物事案で，宣告刑が懲役3年未満の仮釈放で，所在不明等を理由に引致状の更新請求が繰り返されることが多いですが，宣告刑が3年未満ですと，刑の時効期間は5年です。一般に，仮釈放者が所在不明になるなどするいわゆる遁刑（とんけい）者の所在調査は時間がかかることから，引致状の有効期間についても，そうした実情を踏まえ，3か月～6か月程度での請求が認められるケースが少なくないようですが，刑の時効期間が5年であると，その程度の期間はたちまち経ってしまい，時効経過を看過して引致状の請求・発付をしてしまうおそれがあるので注意が必要です。

３　刑の時効と有効期間

問題64

Aは，窃盗罪により，懲役１年６月の判決言渡しを受け（平成27年11月30日刑期満了）服役したが，刑期のうち１年４月を経過した平成27年９月30日に仮釈放により釈放された。同年10月１日に，Aの妻からAが所在不明である旨の連絡（事件発生認知）を受け，保護観察官による調査がなされ，同月15日，保護観察所長から地方更生保護委員会に対し，仮釈放者の所在が判明しないため保護観察ができなくなったとの理由による保護観察の停止の申出があり，同月20日保護観察停止決定（更生保護法77条１項）がなされ，同月26日，同決定謄本がAの居住すべき場所に発送され，同年11月１日からその効力が生じた。その後，保護観察所長は，引致状の更新請求を何度も繰り返していたが，Aの所在は判明せずにいたため，その後，さらに保護観察所長は，令和２年10月27日，有効期間を６か月とする引致状の更新請求をしてきた。この更新請求に問題はないか。

結　論

刑の時効完成が，令和２年10月31日に迫っているので，引致状の有効期間を同日まで（４日間）として請求しなければなりません。

解　説

本問は，仮釈放中の者（更生保護法（以下「法」という。）48条３号）が遵守事項を守らずに，所在不明となり，いわゆる遁刑（とんけい）者となった場合の保護観察所長による引致状請求に係る問題のうち，刑の時効と引致状の有効期間の問題です。

本問によると，Ａについて保護観察停止決定の効力が生じたのは，平成27年11月１日です（実際には，Ａに対する停止決定の告知があって初めて効力が生ずるのですが，Ａは所在不明ですので，Ａの居住すべき住居に書留郵便等で決定書謄本を同年10月26日に発送し，その発送から５日を経過した同年11月１日でＡに対する送付があったものとみなされています（法27条４項）。）。この効力発生日から刑期の進行は停止しますが（法77条５項，同条１項），これと同時に，刑自体の時効（刑法32条）が進行を開始します。

刑の時効は，公訴時効と異なり，法定刑ではなく，宣告刑を基準にします。Ａの宣告刑は，懲役１年６月でしたから，刑の時効期間は５年となるので（刑法32条４号），Ａの刑の時効は，刑の時効が進行を開始した平成27年11月１日から数えて５年後の令和２年10月31日を経過するまで，その執行を受けずにいた場合，同年11月１日に完成することになります。

そうすると，保護観察所長は，Ａに対する引致状を請求するにしても，その有効期間について，適刑者であるＡの刑の時効期間を超えてまで請求することはできません。

したがって，その引致状の請求は，その有効期間を基本の７日よりもさらに短い４日とし，令和２年10月31日までとして請求するほかないことになります。

４　一部執行猶予中

問題65

覚醒剤取締法違反（使用罪）で，懲役１年２月，うち６月につき刑執行猶予保護観察付（保護観察期間２年）の一部執行猶予の判決を受けたＡが，平成29年10月13日に収監され刑の執行が開始された後，実刑部分の満期日を迎え釈放されたが，令和元年６月３日頃，保護観察所長の許可を得ることなく，居住すべき住居から出奔したため，同月20日，Ａにつき，更生保護法63条４項に基づき，引致状が請求・発付された。

その後，Ａの所在が判明しないまま，引致状の更新請求が複数回にわたってなされ，さらに，令和２年４月25日に，有効期間を３か月とする引致状請求がなされた。

この引致状請求に問題はないか。

結　論

引致状の有効期間を令和２年６月12日までとして請求しなければなりません。

解　説

本問では，Ａの一部執行猶予の判決のうち，その実刑部分の受刑の初日は，平成29年10月13日でしたので，まず同日を１日として計算します（刑法24条１項）。そうすると，懲役１年２月のうちの８月の実刑部分の刑期の終了日は，刑の初日の８月後の応当日の前日の平成30年６月12日です。

なお，実際のＡの釈放は，刑期の終了日の翌日ということになります（刑法24条２項）

Aに対する判決の一部執行猶予の保護観察付猶予期間は２年ですので，その猶予期間の始期は，実刑部分の終了日である平成30年６月12日の翌日の13日であり，その猶予期間の終期は，２年後の令和２年６月12日となります。

本問では，令和２年４月25日に，Aに対する引致状に関し，有効期間を３か月として更新請求をしているわけですが，このまま引致状請求を認めてしまうと，その引致状の有効期間が令和２年７月25日となってしまい，猶予期間の終期である令和２年６月12日を超えることになります。

したがって，引致状の有効期間は，猶予期間の終期にあわせて，令和２年６月12日までとしなければなりません。

なお，引致状請求の「７日を超える有効期間を必要とするときは，その期間及び事由」欄について，以下のような記載をすると分かりやすい請求となるものと思われます。

７　７日を超える有効期間を必要とするときは，その期間及び事由

令和２年６月12日まで。

本件の保護観察付一部猶予者は，住居が一定せず，立ち寄り先も決まっていないことから，所在を確かめながら引致の執行をしなければならないところ，同人の一部執行猶予期間の終期が，令和２年６月12日であるため。

５　引致状の数通発付

問題66

仮釈放者が所在不明になるなどして，帰住先である東京都内の更生保護会を管轄する東京保護観察所長から，令和元年10月31日に，有効期間を６か月とする引致状（有効期間満期令和２年４月30日）が請求され，同日発付された。

その後，令和２年３月１日，同保護観察所において，同仮釈放者が，北海道札幌市内に居住しているとの情報を得たことから，同保護観察所長から，同仮釈放者について，１通目の引致状に加え，札幌中央警察署に引致嘱託するため，同月10日，有効期間を同年４月30日までとする２通目の引致状の請求がなされたが，この請求は認められるか。

結　論

２通目の引致状も数通発付として認められます。

解　説

引致状の数通発付については，直接の法的根拠はありませんし，実務的には，そう多くはありませんが，本問のように，１通目の引致状が発付された後，所在不明となるなどした仮釈放者の住居等が，既に発付済みの引致状を請求した保護観察所の管轄から遠く離れた場所にあることが判明したなどの事情変更があった場合，刑訴規則146条，142条１項７号を準用することにより，請求が認められる場合があります。

引致状は，緊急執行も可能であるため（更生保護法63条７項，刑訴法73条３項），１通目の引致状による緊急執行も考えられますが，本問のように，仮釈放者の本来の帰住地が東京であり，所在判明場所が札幌市内となると，仮に札幌市内で緊急執行したとしても，引致状の提示等の執行後の所要の手続に相当程度の時間を要することがありうること，警察に協力要請する場合，札幌市内の管轄警察署に事前に引致嘱託するために引致状が必要であること，仮釈放者が本来の帰住地である東京都内に戻っている可能性があり，これが判明した場合，直ちに，都内の所在地において引致状を執行する必要があることなどを考慮すると数通発付の必要があるということになります。

なお，通常，数通発付は，同時請求の場合が多いですが，本問のような場合は，異時請求でも構わず，有効期間満了日を１通目と合わせて請求することで，仮に有効期間内に引致状の執行ができない場合，次回更新請求時において，仮釈放者の所在状況に変わりがなければ，数通発付の同時請求をすることになります。

引致状の数通発付の請求書記載例としては次のようになります。

> ２通
>
> 東京保護観察所において，引致執行に努めるとともに，仮釈放者本人が居住していると推測される札幌市内を管轄する札幌中央警察署に引致嘱託をするため。

第２　金商法違反犯則事件の調査官報告書

問題67

犯則嫌疑者甲が，一部上場Ａ株式会社の関係者から，

①　同社が株式分割を決定した旨

②　株式分割に先立つ時期の通期個別決算における売上実績が好調である旨

の各重要事実について事前に伝達を受け，両事実が発表される５日前に，同社株式3000株を単価5000円で指値買注文をしその15日後に同株式1500株を単価１万円で成行売注文をして，1500万円の利益を出したいわゆるインサイダー取引事案の犯則事実について，犯則嫌疑者の勤務先，自宅等の臨検捜索差押許可状の請求をすることとなった。

上記事案の疎明資料としての調査官報告書について，令状審査において，いかなる記載が重視されているか。

結　論

令状審査においては，会社関係者等のインサイダー取引規制の構成要件のうち，特に，業務等に関する重要事実（以下「重要事実」という。），重要事実公表前の売買等の取引事実（以下「取引事実」という。）が重要となります。

解　説

本問のようないわゆるインサイダー取引の構成要件は，

①　上場会社等の

②　会社関係者又は第１次情報受領者が

③　当該上場会社等の重要事実を

④　その公表前に知り
⑤　当該上場会社の特定有価証券たる株等を売買等する

ことです。

上記構成要件のうち，まずは，③の重要事実の存在とその評価が非常に重要になります。

本問では，株式分割と個別決算期の業績好調の事実が，重要事実となっています。株式分割は，増資を伴わず，発行済みの株式を分割するだけなので，各株主の分割株式数×株価の財産的価値は，分割前のそれと何ら変わりませんが，業績好調時に，分割前の配当が維持されたままの分割であれば，株式数の増加により実質増配になりますし，株価の単価が下がるため流動性が増すことになり，業績好調時に出来高が上がれば，結果として株価を引き上げる重要な結果となり得るので，こうした事実を重要事実として，これらを公表前に知った者の取引が規制されており，まさにインサイダー取引規制の構成要件としては，核となる要素ということができます。

これらの重要事実は，それぞれの事実ごとに内閣府令によって，例えば，株式分割であれば分割により増加する株式数の割合が0.1以上であり，それ未満であると重要事実に該当しないといういわゆる軽微基準が事細かに定められています。

次に，④，⑤の公表前の取引事実も大変重要です。

これらの事実は，インサイダー取引の構成要件であると同時に，調査の端緒となるものです。

例えば，本問の事例とは異なりますが，犯則嫌疑者が，10年前にA社の株を1000株持っており，この約10年間全く動きがなかったにもかかわらず，A社において上場廃止基準抵触の見込みが生じ，その公表の数日前に，証券口座を保有している証券会社に電話をかけ，全ての持ち株を値下がり前に売りつけたような場合，これ自体，実行行為たる取引行為であるとともに，重要事実の知情性がうかがわれる事実となります。

本問でも，結局，株式分割に加え，業績好調の事実の公表直前に，これまで動きのなかった持ち株について突然，1500万円の大金で買い注文を出し，公表後まもなく，取得株式の半分を売りつけて倍額の利益を得ているわけですから，同じことが言えます。こうした事実が調査の端緒としての側面と実行行為の側面があることになりますので，取引行為の経緯，取引高，取引状況，利得の程度等は非常に重要です。

令状裁判官としては，調査官報告書の以上のような点を審査し，必要に応じて，犯則嫌疑者や事件関係者の質問てんまつ書や裏付けとなる原資料に当たるなどしますが，資料が膨大である場合などは，令状請求で来庁した担当調査官らから，該当疎明資料の摘示を受けるなどすることもあります。

こうして犯則事実についての心証を得た上で，当該令状請求についての理由の有無の審査を経て，さらに必要性審査を行い，令状発付の可否を判断していくこととなります。

第３　国税犯則事件の罰条

問題68

架空の外注加工費を計上することなどにより所得を秘匿して実際所得金額を過少申告して申告法人税額との差額を免れたという法人税法違反の犯則嫌疑事件について，国税局査察部から，嫌疑法人に対する臨検捜索差押許可状の請求がなされた。

上記犯則嫌疑事実における架空外注費計上等による所得秘匿の不正手段は，いずれも，平成28年３月１日から平成29年２月28日までの事業年度において行われており，同事業年度に係る過少申告は，平成29年４月12日（申告期限同月30日）になされたものであるが，平成29年４月１日に，同年法律第４号による改正法人税法が施行され適用罰条の法人税法159条が改正された。この場合，適用されるべき罰条は，改正前後いずれの罰条か。

結　論

改正後の法人税法159条が適用されます。

解　説

本問の趣旨は，税法がその特殊性から一般に改正が頻繁であるので，租税逋脱犯の犯則嫌疑事件等について，改正前後のいずれの罰条を適用すべきかについて若干の解説をするものです。

本問のようないわゆる租税逋脱犯の犯罪構成要件は

①　所得税（法人税）の納税義務者が法の規定によって計算された金額の租税を申告する義務があること

②　上記税額を全く申告せず，又はこれを下回る過少の税額を申告して，その差額に当たる租税を免れること

③　上記税額を免れる方法として「偽りその他不正の行為」によってなされること

です（所得税法238条，法人税法159条）。

このうち，逋脱の実行行為は，「偽りその他不正の行為」ですが，これに関し，本問のような虚偽過少申告による法人税の逋脱について，最高裁は要旨次のとおり「真実の所得を秘匿し，所得金額をことさら過少に記載した法人税確定申告書を税務署長に提出する行為は，それ自体法人税法159条１項（昭和56年法律第54号による改正前のもの）にいう『偽りその他不正の行為』に当たると解すべきであるから，所得を秘匿したうえ内容虚偽の法人税確定申告書を税務署長に提出した旨判示した第一審判決には，逋脱犯の実行行為についての判示に欠けるところはなく，これを支持した原判決の判断は正当である。」旨判断しています（最決昭63．９．２）。

この決定は，架空売上原価の計上などの事前の所得秘匿行為が行われていたのに，原判決では，その具体的な日時，場所，方法が示されていなかったため，理由不備として争われていた事件について，ことさら所得金額について過少に記載した確定申告書を提出する行為自体が，法人税法159条にいう「偽りその他不正の行為」に当たるものとして，原判決の実行行為について判示に欠けるところはないと判断したものです。

従来より，このような類型の逋脱犯の実行行為は，所得秘匿行為と過少申告行為を併せたものと考える包括説と，事前の所得秘匿行為はいわば過少申告のための準備行為に過ぎず，過少申告行為のみが実行行為であるとする制限説が対立していましたが，本決定によれば，最高裁が制限説に立つことは明らかです。

そこで，この最高裁決定に則して，本問についてみると，逋脱の準備行為たる所得秘匿行為は，法人税法が改正された平成29年４月１日以前の平成28年３月１日から平成29年２月28日までであるところ，過少申告行為は，改正後の平成29年４月12日であるので，適用罰条としては，実行行為たる過少申告行為が敢行された時点をとらえ，改正後の同法159 条を示すのみで足りるということになります。

なお，国税犯則事件の臨検捜索差押許可状に，適用罰条を示す必要性については，本書52ページを参照してください。

第４　税関による関税法違反犯則事件のＣＤ令状

問題69

税関において，差出人が米国カリフォルニア州ロスアンゼルス在住のA，名宛人を東京都渋谷区内在住のＢとする国際スピード郵便物（以下「ＥＭＳ」という。）１個について，開披検査をしたところ，「ｄｏｌｌ（人形）」との記載があり，人形が収納されていたが，同人形の体内に異物が混入しているかのような異音がしたことなどから，同人形の体内に関税法上の輸入してはならない違法薬物等の貨物を隠匿している疑いが生じた。

調査の結果，Ｂが米国から錠剤様のＭＤＭＡ100錠を密輸しようとした関税法違反犯則事件であったとして，その犯則調査は，通常，どのように進められていくか。

また，こうした犯則事件について行われる臨検捜索差押のためのいわゆるコントロールド・デリバリー令状（以下「ＣＤ令状」という。）による犯則調査には，どのような問題があるか。

※　本問では「国際的な協力の下に規制薬物に係る不正行為を助長する行為等の防止を図るための麻薬及び向精神薬取締法等の特例等に関する法律」については，「麻薬特例法」といいます。

解　説

(1)　郵便物内の収納物の検査等

まずは，税関において，ＥＭＳ内に収納されていた人形についてエックス線透過検査を行い，これにより錠剤様の物が多数混入していることがうかがわれる異影が発見されます。

そうすると，次に行われるのが，不正薬物・爆発物探知装置（以下「ＴＤＳ」といいます。）による検査です。これはＴＤＳ専用の拭き取り材（以下「ワイプ」という。）によって，その検査対象物である人形等の表面を拭き取り，その表面に付着した微量の薬物分子を採取し，ワイプをＴＤＳにセットして成分探知を行うというものです。その結果，ＭＤＭＡの探知結果を得るわけです。

それとともに，本件ＥＭＳの郵便物番号等から到着経路等について調査をします。この調査により，本件ＥＭＳについて，米国所在の郵便局において受け付けられた日時，同国における出発日時，出発空港，搭載便，経由空港，日本における到着日時，到着空港，搭載便，取り卸し，到着状況等の到着経路が判明します。

⑵　本件ＥＭＳの差押え及び鑑定

上記調査から判明した事実に基づき，犯則事実を構成して，本件ＥＭＳを差し押さえるべき物とする差押許可状を裁判所に請求して，その許可状の発付を得て本件ＥＭＳを差し押え，さらに，本件ＥＭＳ内に収納されていた人形の体内にあった錠剤様の物についての鑑定処分許可状を裁判所に請求して，その許可状の発付を得て，上記錠剤様の物についてＭＤＭＡの鑑定結果を得ます。

⑶　クリーン・コントロールド・デリバリーによる犯則調査

上記調査を経て，本件ＥＭＳに収納されていた物が関税法69条の11第１項の輸入してはならない貨物であるＭＤＭＡであると判明した後，警察との合同調査態勢（警察と共に犯則調査をする段階で，既に行政調査というより刑事手続における捜査の意味合いが大きくなるので，一般的には合同捜査態勢というべきですが，ここでは飽くまで，税関としての犯則調査として解説しますので，捜査については全て犯則調査又は調査ということとします。）をとるなどして，税関長による麻薬特例法４条に基づく輸入許可をした上で，配送業者と打ち合わせて犯則物件を無害の代替物に入れ替えて配送し，配達状況等を監視しながら輸入者等を割り出すクリーン・コントロールド・デリバリー（以下「ＣＣＤ」という。）による犯則調査を行う準備をします。この準備では，本件ＥＭＳに収納されていた人形の体内に本件犯則物件であるＭＤＭＡの代替物として，これと形状等が類似する清涼菓子等の錠剤100錠とともに，光・振動センサー（以下「光センサー」という。）による発信機を本件ＥＭＳ内に収納します。これにより，輸入被疑者らが本件ＥＭＳを開披したときに光センサーによる発信機から発信される電波を受信したタイミングで，本件ＥＭＳの到達した場所（以下「べき場所」という。）や受取人を対象として臨検捜索差押許可状を執行できるようにしておきます（「べき場所」についての問題は後述します。）。

なお，ＣＤによる犯則調査の場合，配達状況を監視しているとはいえ，その監視を脱して違法薬物等が流出するなどの危険性もあるので，その多くは，犯則物件を無害の代替物に置き換えるＣＣＤで実施します。ただ，例外として，分解開披等が極めて困難な物の中に犯則物件が隠匿されているような場合は，犯則物件を在中にしたままライブ・コントロールド・デリバリー（以下「ＬＣＤ」という。）による調査が行われることもあります。実際にあった事例としては，約４トンの鋼鉄製の船舶用減速機１台の中に覚醒剤を隠匿して外国貿易船に積み込み本邦に陸揚げして密輸した事案について，ＬＣＤによる調査を行い，配送先の外国人らを逮捕したというものがありました。

⑷　ＣＣＤ犯則調査のためのＣＤ令状の問題点

ＣＤ令状の請求といっても，「べき場所」が，本来の「べき場所」である犯則嫌疑者たる名宛人の住居，使用車両，着衣所持品，犯則事実の関係者等の住居等の場合は，その請求以前に，それぞれ住居表示，氏名と生年月日，車両の登録番号が知れており，これらを特定要素としてＣＤ令状の「べき場所」に標記すれば特定できるので，従来の捜索差押許可状等と何ら変わることはなく，特段の問題はありません。

問題なのは，当該貨物が，名宛先から別の場所へ，又は名宛人でない者が受領し，その後また別の者へと転々と移動するなどした場合の「べき場所」をどうするかです。

覚醒剤やＭＤＭＡ等の規制薬物の密輸入の多くは組織的に敢行されていますが，こうした密売にかかる上部組織は，検挙のリスクを避け，また組織中枢への突き上げ調査を困難にさせるため，他の下層の共犯者などを何層にも使い，又はＳＮＳを介して第三者を募るなどして，それらの者に当該貨物の授受，運搬をさせるなどして，犯則調査をかく乱させることも少なくなく，今や常套手段と化していると言っても過言ではありません。

密売側のこうした手法による場合でも，当該貨物を現に所持する物，当該貨物を運搬するために現に使用している車両，当該貨物が現に存在する場所については，犯則事実との関連性や差し押さえるべき物が存在する蓋然性が認められる場合もあり，そうした場合は，臨検捜索の必要性がないとはいえません。

他方で，ＣＤ令状の将来の執行時に発生するであろう「べき場所」は，その請求時点において，住居表示や氏名等の特定要素は判明していませんので，通常の方法で「べき場所」を特定することはできません。ＣＤ令状の請求書やその令状に「べき場所」の明示が要請されるその趣旨は，人の場所に対する管理権，居住権を保障するところにあります（本書80ページ）ので，場所不詳などとしてこれを欠くことはできませんし，令状を執行する側の執行時の恣意的判断で「べき場所」と認定できるような記載であっても，それはもはや記載していないことと何ら変わらないということになります。

⑸　ＣＤ令状の「べき場所」の特定方法

そこで，特定の方法としては，転送先であれば，特定要素を①当該貨物の同一性の維持，②当該貨物の現場所在を二つの要素として「べき場所」を特定するという方法が考えられています。

①については，単なる転送先の場合「当該貨物について，配送業者に対し配送先の変更依頼があり，その依頼に基づき，同貨物が配送され」などとすれば当該貨物の同一性の要件については問題ありません。また，ＣＣＤの場合，当該貨物を税関職員等が継続的に追跡監視しているわけですから，これにより当該貨物がその外観から同一であると認められれば，当該貨物の同一性は維持されていることになります。例えば，名宛人でない者（以下「第１次受領者」という。）が，当該貨物の配送人から受領したのであれば「当該貨物を配送員から直接受領し」などと表記することにより第１次受領者の①の特定要素を示すことが考えられます。また，第１次受領者から当該貨物を受け取った者（以下「第２次受領者」という。）についても同様の考え方で，「当該貨物を配送員から直接受領した者から，最初に，外観上明らかにそれと分かる状態で受領し」などと表記することにより第２受領者の①の特定要素を示すことができます。この

場合，たとえば，特定の引っ越し業者のロゴマークの入った段ボール箱が貨物であったとして，第１受領者Ａが一旦配送人から直接受領し，アパートの室内に入り，その後，第２受領者ＢがＡのアパートを訪れ，ドアを開けて対応したＡから，そのロゴマークの入ったまさに外観上，それとわかる当該貨物を受け取ったとしても，それは飽くまで外観であり，一旦屋内に入った以上，当該貨物の監視は一時途絶しており，中身が抜き取られたり入れ替えられたりしていることもありうるので，外観だけでは同一性は維持されていないのではないかとの反論も考えられるところです。しかしながら，当該貨物には，光センサーが収納されているので，開披されれば光センサーが感知しますし，調査実務上，そこでＣＤ令状を執行せざるを得ませんので，一旦家屋に入って監視が一時途絶したとしても外観の同一性が維持されていれば，まずは①の要件を満たしていると考えることもできます。当該貨物が，配送先において第１次受領者が持ち込んだ場所なども同じ考え方で「配送場所から，最初に当該貨物を外観上明らかにそれと分かる状態で持ち出した者が，他の場所を経由することなくそのまま搬入し」などと表記することなります。表記の仕方には，程度によって幅があるとは思いますが，要は当該貨物の同一性の維持がそこに表れていればよいわけです。

次の特定要素として，②の当該貨物の現場所在ですが，当該貨物の受領，持ち出し，運び入れなどにより当該貨物が現場に所在しているまさにその場所が「べき場所」となりますので，その現在性を示す要素として必要になります。上記の①の転送先であれば「当該貨物が現に存在し又は直前まで存在していた居室，居宅，倉庫，事務所又はこれに準ずる場所」などと，受領者等の人であれば「現に所持し又は直前まで所持していた者の着衣及び所持品」などとなります。これも①と同様に，当該貨物の現場所在，現在性が現れていればよいので，表記の程度には幅があると思います。

上記①に②の要素を表記して「べき場所」を記載することにより，当該貨物が転々とした先における「べき場所」の特定はできているとしてＣＤ令状の請求・発付が認められている実務例もあります。

これらのＣＤ令状の考え方に対しては，調査の必要性に理解を示しつつも「べき場所」の特定としては不十分であるとする消極論や，麻薬特例法８条２項による現行犯逮捕をした上で逮捕に伴う捜索差押えをすれば十分であるとする考え方もあるようですが，全くの消極論では，密輸後の受領方法を複雑化させている現在の状況に対応できませんし，現行犯逮捕によればよいとする考え方も，例えば，現認，逮捕前の家屋内への侵入行為をどのように説明するかなど，それぞれ一長一短があるようですので，ＣＤ調査のあり方については，ＣＤ令状の「べき場所」の特定方法の是非も含め，今後の実務例や裁判例等の集積を待つことになろうかと思います。

第５　入管による臨検捜索押収　手続の流れと位置付け

問題70

出入国管理及び難民認定法に基づく退去強制処分に該当す違反に関する強制調査のための令状は，どのようなものか，また，その強制調査は，強制退去までの流れにおいて，如何なる位置づけにあるか。

結　論

退去強制事由に該当する疑いのある外国人（容疑者）の住居等において強制調査をするための裁判官による臨検捜索押収許可状があります。このほかに，捜索押収許可状，押収許可状もあります。

この強制調査は，入国警備官による違反調査であり，入国審査官による違反審査の前段に位置付けられるものです。

解　説

出入国管理及び難民認定法（以下「入管法」という。）は，本邦に在留する全ての外国人の在留の公正な管理を図ることなどを目的とし，不法就労するなどの退去強制事由に該当する外国人を所定の手続によって本邦から退去強制することができる旨を定めています（入管法１条，24条）。

この退去強制手続に当たり，入国警備官は，出管法24条の各号の一に該当すると思料する外国人があるとき，その違反調査することができます（入管法27条）。

その端緒としては

(1)　入国警備官等による現認・認知（自庁探知）

(2)　司法警察員・検察官からの通報・身柄引渡（入管法64条，65条）

⑶　一般人からの通報（入管法62条１項）

⑷　公的機関からの通報（入管法62条２項〜５項）

などがあり，これらを契機として，入国警備官は違反調査を開始します。その違反調査としては，容疑者である当該外国人や証人に出頭を求めて，取調べをするなどの任意調査（入管法29条，30条）のほかに，容疑者の住居等への臨検・捜索・押収の強制調査もあり，その調査に当たって，裁判官が発付する臨検捜索押収許可状が必要になります（入管法31条）。許可状の種類としては，この他に，捜索押収許可状，押収許可状等もありますが，大部分が臨検捜索押収許可状ですし，解説すべき内容もほぼ共通するので，以下，臨検捜索押収許可状として解説します。

この臨検捜索押収許可状は，入国警備官が，その所属する官署の所在地を管轄する地方裁判所又は簡易裁判所の裁判官に対し請求し，その請求が認められることにより発付されるものです。

請求権者である入国警備官は，入国警備官階級令によって，上位階級から順に，警備監，警備長，警備士長，警備士，警備士補，警守長，警守の７つの階級に分かれているところ，入管法上，請求権者の階級に制限はありません。

臨検捜索押収許可状の請求がある容疑事実は，入管法24条の退去強制事由に該当する全ての事実ですが，その多くが不法残留，資格外活動事案であり，発付のための要件としては

①　違反事実の容疑が認められること

②　違反事実について強制調査の必要性があること

であり，これらの要件が一件記録によって疎明されていなければなりません。

これらの強制調査等を経て，容疑者に，強制退去事由に該当する容疑が認められると，入国警備官は，主任審査官に容疑者に対する収容令書を請求してその発付を受け，容疑者を収容した上で（入管法39条），その身柄を入国審査官に引き渡します（入管法44条）。その後，入国審査官による容疑者に対する違反審査が始まり，退去強制事由に該当すると認定されると（認定に対して異議が出た場合は，さらに特別審理官による口頭審理や法務大臣の決裁があります。），退去強制令書が発付され，強制退去となります。

この一連の手続からみると，入国警備官が請求する臨検捜索押収許可状は，入国審査官による違反審査の前段の手続である違反調査における強制調査において必要な令状であることがわかります。

なお，入管法の強制調査手続は，あくまで行政手続ですが，憲法35条の保障が行政手続にも及び，強制調査に令状主義の建前がとられるのは憲法上の要請であることが，判例上確立しています（最大判昭47.11.22.）同裁判例は所得税法違反についてのもの）。

第６　警職法の保護許可状の請求

問題71

令和２年11月２日午後５時50頃，東京都中央区内の交番において甲巡査が立番勤務中，高齢男性のＡが，保護者を伴うことなく単独で歩み寄り声をかけてきたのに気づいた。Ａの言動等から認知症が疑われた上，徘徊して自宅への帰路が分からなくなっている迷い人と認められたことから，同日午後６時10分，Ａの保護を開始した。Ａ本人の申告する氏名，生年月日等を調べると，都内で多数の保護歴のある長野市在住の者であることが判明し，同居の長男Ｂと連絡がとれ，Ｂにおいて一旦Ａ引き取りの意思を示したものの，その後，Ｂと連絡が取れなくなった。こうした状況から家族らが，何らかの事情によりＡの引き取りに消極的な態度を示していることが懸念されたことから，家族以外の公的施設等への引き渡しを試みて，区役所へ連絡をしたが，区役所としては，一応，一旦は家族と連絡が取れている以上，家族への引き渡しを優先してもらいたいとの回答であった。この時点で，同月３日午後１時25分となり，Ａの保護開始から19時間15分が経過していた。この後，Ａの保護についてはどうすべきか。

結　論

24時間を超えてＡを保護するやむを得ない事情が認められることから，管轄簡易裁判所に保護許可状を請求し，その発付を得て保護期間の延長に備えるべきです。

解　説

本問においては，甲巡査は，交番にやってきた高齢男性のＡに認知症の症状が認められ，徘徊して帰路が分からなくなった迷い子（人）であり，保護者を伴っておらず，応急の救護を要すると認められたことから，警察官職務執行法（以下「警職法」という。）３条１項２号により，Ａの保護を開始しています。この保護は，原則として24時間を超えてはならず，仮にやむを得ない事情がある場合には，保護を開始した警察官の所属する警察署所在地を管轄する簡易裁判所の裁判官に対し，保護許可状を請求し，その発付を得て，保護を継続する必要があります（同条３項）。

本問では，Ａの申告する氏名や生年月日等から多数の保護歴のある者であり，長野市在住であり同居の長男Ｂと連絡が取れましたが，結局，その後，Ｂとの連絡も途絶え，他方で区役所においては，家族と一旦連絡が取れた以上，そちらを優先してほしいとの回答を得ており，仮にＢとの連絡が回復したとしても長野から上京してくるとなるとそれなりの時間がかかることが考えられますので，24時間を超えての保護の継続については，やむを得ない事情があると考えてよいでしょう。

また，保護許可状の請求準備のタイミングとしては，区役所から家族への引渡しを優先してもらいたい旨の回答を得たころからがよいものと思われます。そのころには，すでにＡの保護開始から19時間15分が経過しており，Ａの24時間の保護まで，あと４時間45分に迫っています。保護許可状請求のための疎明資料の準備，請求書の起案，決裁等一連の手続を要する時間に加え，簡易裁判所への持ち込み，受付，一次審査，二次審査，保護許可状の発付，発付後の保護許可状の執行までの時間を考えると，区役所から受け入れについての消極的な回答を得た時点，つまり，午後１時25分の時点で，速やかに保護許可状の請求のための準備にとりかかるのが間違いないと思われます。

実際にあった事例でも，裁判所に保護許可状の請求があったのが，すでに保護開始から17時間を経過しており，保護許可状が発付されたのが19時間30分後くらいでしたから，保護許可状を警察署に持ち帰った時点で20時間は経過していたのではないかと思われます。保護許可状は，保護開始から24時間経過する数時間前に前倒しで発付されたとしても，その間に，親族等の引き取りにより保護が解除されたのであれば，執行しなければよいだけですが，保護許可状がないが保護の必要があるという状況に至った場合，保護自体が違法になってしまいます。いずれにしても保護の継続に関してやむを得ない事情があると判断されるような事案では，早め早めに保護許可状の請求の要否を検討しておくべきでしょう。

第7　少年法の触法少年事件の令状

問題72

13歳の少年Aが，自宅近くのコンビニエンスストア店内において，同店店長Xに対し，財布を遺失した者であるかのように装い，同店店長X管理に係るY所有の現金ほかポイントカード在中の財布1個を詐取した事件について，Aの自宅を捜索し，被害品である財布，ポイントカード，犯行時のAの着衣を押収したいが，いかなる令状によるべきか

結　論

触法事件の捜索差押許可状が必要となります。

解　説

20歳に満たない少年の保護事件において審判に付すべき少年には，①14歳以上の刑事責任能力のある少年が罪を犯した「犯罪少年」（少年法3条1項1号），②14歳に満たない少年が刑罰法令に触れる行為をした「触法少年」（同項2号），③保護者の監督に服しないなどのため罪を犯すなどのおそれがある「ぐ犯少年」（同項3号）の3つがありますが，このうち，本問の少年は，13歳で刑罰法令に触れる行為を行っているので，触法少年ということになります。

犯罪少年の行為は犯罪となるので，警察官は，当然に，刑事訴訟法に基づく捜査ができるため，通常の成人の事件と同様に，刑事訴訟法に基づく捜索・差押，検証，鑑定処分について令状請求ができ，その発付を得て強制捜査をすることが可能です。

ところが，触法少年は14歳に満たず刑事責任能力がないことから（刑法41条），犯罪にならないため，刑事訴訟法の規定は，直接適用できず，

触法事件は，刑訴法上の令状の対象にはなりません。しかし，犯罪捜査としてでなくとも，事案の真相を解明することは，個々の少年が抱える問題点に則して適切な保護を施し，その健全な育成を図る上でも必要不可欠ですが，児童相談所や家庭裁判所の調査では知識経験も不足しており十分に行うことができなかったため，従来，警察は警察法２条の定める犯罪の予防等の公共の安全と秩序の維持という警察の責務を遂行する上での任意処分の範囲で必要な調査による事案の解明に努めていました。しかし，警察官の調査権限の具体的根拠が明らかではなく，あくまで任意の調査ということから，関係者の協力が得られないなどの問題がありました。

そこで，平成19年法律第68号により，少年法が改正されて，触法少年事件についても，事件の調査をするについて必要があるときは，押収・捜索・検証・鑑定の嘱託をすることができるよううになりました（少年法６条の５第１項）。この改正法は，平成19年６月１日に公布され，同年11月１日に施行されています。

この改正により，警察官は，触法少年事件について，捜索差押許可状，検証許可状，身体検査令状，鑑定処分許可状の各請求ができるようになり，それらの令状の発付を得て強制調査をすることができるようになりました。これらの強制調査は，飽くまで行政警察作用に属するものであり，厳密な意味で刑事事件の捜査ではありません。また，少年法６条の５第２項の読み替え規定があるため，請求者は「司法警察員」ではなく「司法警察員たる警察官」となります。なお，司法巡査は，刑訴法上の捜索差押等の令状請求ができないので，触法少年事件の令状請求もできません。

触法少年事件の令状請求・発付について注意すべき点は以下のとお

りです。

⑴　強制捜査ではなく強制調査であること

請求書の欄外右上に触法調査と記載し，強制調査令状であることを明示している取扱いがあります。

令状では表題の右横に（触法事件）と記載します。

⑵　請求者の官公職氏名が異なること

「司法警察員」ではなく，「司法警察員たる警察官」とします。

⑶　令状請求書の主文が異なること

「下記被疑者に対する○○被疑事件につき」ではなく，「下記少年に対する○○触法事件につき」とします。

⑷　調査の対象は，被疑者ではなく触法少年であること

請求書の人定欄は「被疑者の氏名」ではなく「少年の氏名」とします。

⑸　触法少年事件の身体検査令状

触法少年が身体検査を拒否した場合の制裁は過料のみである旨を付記します。罰金，拘留は刑罰なので触法少年に課することはできません。

次ページ以降に，触法少年事件の捜索差押許可状の請求書と令状の書式例を示しておきますので，参考にしてください。

触法調査

上記(1)

捜　索
差　押 許可状請求書
(~~検　証~~)

令和２年12月10日

東　京　簡　易　裁　判　所
裁　判　官　殿

上記(2)

警視庁中央警察署
司法警察員たる警察官　警部　○　○　○　○　㊞

下記少年に対する○○触法事件につき，捜索差押許可状の発付を請求する。

上記(3)

1　少年の氏名
少　年　太　郎

上記(4)

平成19年12月５日（13歳）

2　差し押さえるべき物
被害品である○○○○，犯行当日に触法少年が着用していた青色上衣

3　捜索し又は検証すべき場所，身体若しくは物
東京都中央区○○３丁目○番○号
触法少年が居住する○○○○方

被疑者ではなく
触法少年

4　７日を超える有効期間を必要とするときは，その期間及び事由

㊞

5　少年法第６条の５第２項において準用する刑事訴訟法第218条第２項の規定による差押えをする必要があるときは，差し押さえるべき電子計算機に電気通信回線で接続している記録媒体であって，その電磁的記録を複写すべきものの範囲

㊞

6　日出前又は日没後に行う必要があるときは，その要旨及び事由
保護者立会の下，捜索を実施する必要があるところ，保護者の帰宅を待った場合，捜索の着手が夜間に及ぶおそれがあるため。

7　事件の事実の要旨
別紙のとおり。

捜索差押許可状　（触法事件）	
少　年　の　氏　名 及　び　年　齢	少　年　太　郎 平成19年12月５日生
事　件　名	○○○○
捜索すべき場所 身体又は物	別紙請求書記載のとおり
差し押さえるべき物	別紙請求書記載のとおり
有　効　期　間	令和２年12月17日
請求者の官公職氏名	司法警察員たる警察官　○　○　○　○
有効期間経過後は，この令状により捜索又は差押えに着手することができない。この場合には，これを当裁判所に返還しなければならない。有効期間内であっても，捜索又は差押えの必要がなくなったときは，直ちにこれを当裁判所に返還しなければならない。	
少年に対する上記触法事件について，上記のとおり捜索及び差押えをすることを許可する。 令和２年12月10日 東京簡易裁判所 裁　判　官　○　○　○　○　㊞	

上記(1)

上記(4)

罪名とせず，事件名

上記(2)

被疑事件の場合と文言が異なる

特別の注書

注　この令状は，触法少年に係る事件の調査において用いること。この令状は，日出前又は日没後でも執行することができる。

裁判官　㊞

用 語 索 引

ア

ＩＰアドレス ……3
ＩＰアドレス等の開示の仮処分決定 ……6
アカウント ……26, 32
アクセス履歴 ……31
暗号資産 ……21

イ

ＥＭＳ ……235
医師が採取した尿の差押え ……121
異時請求 ……228
一部執行猶予の判決 ……225
一括複写 ……34
偽りその他不正の行為 ……233
遺留物領置 ……142
インサイダー取引 ……229
インターネットエクスプローラ ……32
インターネット通信 ……3
引致状 ……215
引致状の数通発付 ……227

エ

エックス線検査 ……162
ＬＣＤ ……237

カ

カーナビ ……159
カーナビゲーションシステム ……159
顔認証機能 ……13
各別の令状 ……132, 145
家裁送致後の少年事件 ……119
ガサ漏れ ……99
過剰な特定 ……60
仮装通貨 ……18
株式分割 ……230
仮釈放 ……215
仮釈放者 ……216
眼科用開瞼機 ……17
鑑定 ……184
鑑定嘱託事項 ……189
鑑定嘱託書 ……189
鑑定処分許可状の有効期間 ……199
鑑定処分としての身体検査 ……175
鑑定に必要な処分 ……184
鑑定人の変更 ……196
鑑定のための処分の相当性 ……192
鑑定のための処分の必要性 ……192
管理権 ……80

キ

偽造ナンバー等 ……………… 74
偽造ナンバープレート ……… 74
起訴猶予 ……………………129
強制採血 ………………176, 204
強制採血による鑑定 ………187
強制採尿 ……………………176
共用部分 …………………… 83
居住権 ……………………… 80
記録等させるべき者 ……… 37
記録媒体の差押え ………… 39
記録命令 …………………… 39
記録命令付差押え ………… 37
緊急執行 ……………………227
緊急事務管理 ………………144
金商法違反犯則事件 ………229

ク

ぐ犯少年 ……………………248
クリーン・コントロールド・デリバリー ……………………236

ケ

警職法3条1項 ………………122
刑訴法上の身体検査 ………175
携帯電話の位置探査 ………165
刑の時効 …………216, 218, 223
警備士長 ……………………243
警備長 ………………………243
契約者情報 ……3, 6, 18, 59, 170
契約者情報と犯人性 …………5
嫌疑不十分 …………………129
現金 ………………………… 76
検察官 ……………………… 45
検察官事務取扱検察事務官 ‥ 45
検察官の執行指揮 …………215
検察事務官 ………………… 45
検事 ………………………… 45
検証すべき場所 …133, 165, 173
検証としての身体検査 ……175

コ

虹彩認証 …………………… 13
公訴提起後の鑑定 …………201
公判審理中の差押え ………112
呼気検査拒否罪 ……………204
国学院大学映研事件 ……… 93
国税犯則事件 ………………232
告訴欠如 …………………… 56
個人認証 …………………… 13
コントロールド・デリバリー令状 ……………………………235
コンピュータの識別番号 ……3

サ

再捜索 ……………………… 97
再捜索の必要性 …………… 99
裁判所の宿日直 ……………154
差押え ………………………142

差し押さえるべき物 ………… 62
差し押さえるべき物欄
………………………………… 23, 123

シ

ＣＤ令状 ………………………235
時間外請求 ……………………153
資金決済に関する法律 ……… 22
事実の取調 ……………………105
ＣＣＤ …………………………237
死体解剖の鑑定処分許可状
……………………………………192
死体の解剖 ……………………186
実刑判決の言渡し ……………215
指定司法警察員 ……………… 45
自動車及び車内の一括捜索差押え
……………………………………132
自動車の特定 ………………… 72
司法警察員 …………………… 45
司法警察員たる警察官 ………249
司法警察員の指定を受けた司法巡査
…………………………………… 45
事務管理 ………………………144
指紋認証機能 ………………… 13
車台番号 ……………………… 72
車両の検証 ……………………159
車両番号 ……………………… 72
重要事実 ………………………229
宿日直 …………………………154
受訴裁判所 ……………112, 117
遵守事項 ………………………218
証拠物 ………………………… 62
情報提供を受けた経緯，状況や警察との関係 …………………104
情報提供者と被疑者の人的関係
……………………………………104
情報提供者の氏名等 …………103
静脈認証 ……………………… 13
触法事件 ………………………250
触法調査 ………………………250
触法少年 ………………………248
触法少年事件 …………………248
職務質問 ……121, 139, 142, 175
所持品検査 ………139, 142, 175
ショットガン方式 …………… 97
所得秘匿行為 …………………233
所有者不明の覚醒剤，拳銃，刀剣類等の鑑定 ……………………186
親告罪 ………………………… 57
人骨等の鑑定 …………………186
身体検査 ………………………175
身体検査令状の必要性 ………177
身体の検査を必要とする理由
……………………………………177

ス

数通発付 ………………………138

セ

請求権者 ……………………… 45
請求先裁判所 ………………… 43
請求書不添付 ………………… 21
生体認証機能 ………………… 13
静的ＩＰアドレス ……………5
接続時間 …………………… 3, 12
接続ログの保存期間 …………8
宣告刑 ………………………222
占有 …………………………142

ソ

捜索差押え時の施錠の破壊 …147
捜索差押状 …………………113
捜索差押えの必要性 ………… 92
捜索差押えの必要な処分 …… 14
捜索としての身体検査 ………175
捜索の着手 …………………109
捜査の密行性 ………………114
捜索場所の表記 ……………… 79
相当な嫌疑があると認められる程度 ………………………………103
訴訟条件 …………………… 57
租税逋脱犯 …………………232
疎明資料の信用性 …………102

タ

対価物件 …………………… 64
体腔内の異物の鑑定 …………188
第三者の携帯電話の位置探査 ………………………………170
第三者の捜索場所 ………… 86
逮捕状の被疑事実と異なる犯罪事実 ………………………………135
立会人 ………………………108
他庁との合同捜査 …………150
他の犯罪と誤認混同を生じない程度の特定 …………………… 61

チ

地方更生委員会 ……………215

ツ

突き上げ捜査 ………………117

テ

提供された情報の内容 ……104
ＴＤＳ ………………………236
デジタル式のタコグラフ（運行記録計） ………………………161
電気通信回線 ……………23, 31
電磁的記録媒体 …………… 24
電磁的記録を記録させ又は印刷させるべき者 ………………… 37
電磁的記録を利用する権限を有する者 ………………………… 37
テンプラナンバー ………… 74

ト

同時請求 ……………… 145, 228
動的ＩＰアドレス …………… 4
登録番号 ……………… 72, 133
特定電気通信役務提供者の損害賠償責任の制限及び発信情報の開示に関する法律 ………………… 6
特別司法警察員 …………… 45
ドメイン名 ………………… 60
ドライブレコーダー ……… 161
取引事実 …………………… 229
逓刑者 ……………… 222, 223

ニ

23条通報 ………………… 122
二段階認証 ………………… 19
日没 ………………………… 106
日没後 ……………… 39, 106
入管による臨検捜索押収 … 242
入国警備官 ……………… 242
入国審査官 ……………… 242
任意的没収 ………………… 63

ハ

パソコン遠隔操作事件 …… 5
バックドア ………………… 31
罰条記載 …………………… 52
発信者情報開示請求訴訟 …… 6
犯行供用物件 ……………… 64
犯行現場に慰留された毛髪やタバコの吸い殻等の鑑定 ……… 185
犯罪死 ……………………… 187
犯罪事実多数 ……………… 127
犯罪事実との関連性 … 34, 65, 69
犯罪事実の特定 ……… 19, 59
犯罪少年 …………………… 248
犯罪生成・取得・報酬物件 … 64
犯罪組成物件 ……………… 64

ヒ

光・振動センサー ……… 237
「被疑者が罪を犯したと思料される」程度 ……………… 103
被疑者死亡 ………………… 50
被疑者使用部分 …………… 83
被疑者多数 ………………… 127
被疑者の冠をしない共犯者 ………………………… 128
被疑者の携帯電話の位置探査 ………………………… 165
被疑者・犯罪事実に係る捜査公判状況一覧表 ……………… 128
被疑者不詳 …………… 10, 47
非親告罪 …………………… 57
筆跡鑑定 …………………… 185
必要性の審査権限 ………… 92
必要的没収 ………………… 63
必要な処分 ………………… 148
日出 ………………………… 106
日出前 ……………………… 106

フ
ファイル名 ……………………35, 59
副検事 ………………………… 45
複写範囲欄 ……………………23, 31
不正薬物・爆発物探知装置
……………………………………236
物理アドレス ……………………4, 9
ブラウザ ……………………… 31
プロバイダ責任制限法 …………6

ヘ
変死体 …………………………192

ホ
保護観察停止決定
……………………………216, 218
保護許可状 ……………………245
ホスト名 ……………………… 60
逋脱の実行行為 ………………233
没収すべき物 ………………… 63

マ
ＭＡＣアドレス ………………3, 9

ム
無届譲受に係る登録銃砲等 ‥ 64

モ
毛髪採取による鑑定 …………187
毛髪等採取 ……………………176
毛髪の強制採取 ………………209
最寄りの下級裁判所 ………… 44

ヤ
夜間執行 …… 39, 106, 108, 181

ユ
ＵＲＬ ………………………… 3, 59

ラ
ライブ・コントロールド・デリバリー ……………………………237

リ
リモートアクセス ………23, 34
リモートアクセス先の記録媒体
…………………………………… 29
リモートアクセスによる複写処分
………………………… 23, 26, 34
領置 ……………………………143
臨検捜索差押許可状
……………………229, 232, 237

レ
令状裁判官 ……… 92, 113, 117
令状発付前の車両の移動 …142

ワ
Ｗｉ－Ｆｉ ……………………9
Ｗｉ－Ｆｉルーター …………9

著者略歴　　恩田　剛（おんだ　つよし）

昭和39年10月16日生まれ，日本大学法学部法律学科卒業，平成２年４月東京地方裁判所書記官，平成11年４月水戸区検察庁副検事，平成14年４月千葉区検察庁副検事，平成15年４月東京地方検察庁検事，平成19年４月さいたま地方検察庁熊谷支部検事，平成20年８月東京簡易裁判所判事，平成22年３月伊賀簡易裁判所判事，平成25年３月東京簡易裁判所判事，平成28年３月柏崎簡易裁判所判事，平成31年３月東京簡易裁判所，現在に至る。

著書

・「裁判と法律あらかると」平成27年12月（司法協会）
・「逮捕拘留プラクティス」平成30年９月（司法協会）
・「スマホはレンジにしまっとけ！―続裁判と法律あらかると―」令和元年10月（司法協会）

捜索差押等プラクティス

2020年10月　第１刷発行
2021年６月　第２刷発行
2024年１月　第３刷発行

著　者　恩田　剛
発行人　松本英司
発行所　一般財団法人　司法協会
〒104-0045　東京都中央区築地1-4-5
第37興和ビル７階
出版事業部
電話（03）5148-6529
FAX（03）5148-6531
http://www.jaj.or.jp

落丁・乱丁はお取替えいたします。　印刷・製本/名鉄局印刷株式会社（164）
ISBN978-4-906929-85-6　C3032　￥2000E